重構美國經濟規則

約瑟夫・斯蒂格利茨（Joseph E. Stiglitz） 著

張昕海 譯

商務印書館

重構美國經濟規則

作　　者：約瑟夫‧斯蒂格利茨 (Joseph E. Stiglitz)

譯　　者：張昕海

責任編輯：黃振威

封面設計：涂　慧

出　　版：商務印書館 (香港) 有限公司

　　　　　香港筲箕灣耀興道 3 號東滙廣場 8 樓

　　　　　http://www.commercialpress.com.hk

發　　行：香港聯合書刊物流有限公司

　　　　　香港新界大埔汀麗路 36 號中華商務印刷大廈 3 字樓

印　　刷：美雅印刷製本有限公司

　　　　　九龍觀塘榮業街 6 號海濱工業大廈 4 樓 A

版　　次：2018 年 3 月第 1 版第 1 次印刷

　　　　　© 2018 商務印書館 (香港) 有限公司

　　　　　ISBN 978 962 07 6595 7

　　　　　Printed in Hong Kong

　　　　　版權所有　不得翻印

目　錄

第三章　重構規則

譯者序

　　開卷有益。《重構美國經濟規則》讀來印象深刻，收穫頗多。原因有三：

　　一是大師新作。作者斯蒂格利茨是我們頗為熟悉的諾貝爾經濟學獎得主，他編著的《經濟學》，是很多人學習經濟學的入門書，與薩繆爾森的《經濟學》、昆曼的《經濟學原理》鼎足齊名。薩繆爾森曾對這位年輕近 30 歲的同鄉不吝溢美之詞，評價斯蒂格利茨為"偉大的經濟學家"。《重構美國經濟規則》是斯蒂格利茨在金融危機之後的新作，書中側重點不在闡述經濟學理論，而是直面美國當今經濟社會中種種需要解決的問題，提出一系列變革和重構的政策主張，有理有據，有解決路徑，娓娓道來。

　　二是透視美國。斯蒂格利茨不僅是享有盛譽的經濟學家，同時也是一位卓有建樹的高級經濟官員，1993-1997 年的四年間，斯蒂格利茨應邀進入克林頓總統經濟顧問團，卸任後又出任世界銀行副行長兼首席經濟學家，既有理論又有實踐。在《重構美國經濟規則》中，斯蒂格利茨指出，金融危機過後，美國經濟雖然逐步企穩，但長久以來的積弊並未革除，在經濟恢復增長的同時，經濟活力下降、壟斷程度提高、金融持續膨脹、底層人民生活艱難等諸多風險還在不斷積累發酵。這種種現實問題，如果不是斯蒂格利茨這樣著名的經濟學家研究論述，很多人可能會不相信，或者不願相信。美國怎麼可能是這個樣子？是的，就是這個樣子，就如書中所詳細論述的。

三是理論自信。過去很長一段時間，很多人習慣於以西方發達國家，特別是美國為參照，學習它們的經濟理論、經濟制度、經濟政策，以致某些學者形成了"言必稱希臘"的學術定勢，迷信在經濟理論和實踐上，只要與美國一致就是正確的，與之不同則是謬誤。這不是實事求是的態度，也是缺乏理論自信的表現。經濟學是"經世濟民"之學。實踐出真知。中國改革開放的偉大實踐，改革開放30餘年取得的偉大成就，正在逐步形成根植於中國實踐的中國特色社會主義理論體系，也在證明中國特色社會主義經濟理論的科學性，也給了我們從仰視到平視西方經濟學理論的底氣和自信。

這是一個需要理論，而且一定能夠產生理論的時代；這是一個宣導實踐，而且必須依靠實踐的時代。在全面深化改革的中國，我們迫切需要能夠指導中國實踐、解決中國問題、體現中國水平的經濟學家、經濟學理論。機遇千載難逢，廣大經濟工作者大有可為。謹以為序。

前　言

美國經濟及其不足之處

《重構美國經濟規則》一書出版之時，美國政治正走向分水嶺。美國民眾焦慮、憤怒。他們也應該如此。當然，這是一本關於經濟學的書，但更是一本關於人的書。

絕大多數美國人，不僅僅是窮人，都因為基本的生存問題而倍感憂慮：讓孩子得到體面的教育，賺到一份可以應付家庭開支的薪水，或者退休後能有足夠的存款。2008 年的金融危機以及隨之而來的經濟大蕭條，讓上千萬的家庭失去了房產，或面臨被銀行收回抵押房產的風險，與此同時，也導致了 870 萬人失業；即使現在，有房一族依然擔心自己的房產還能保有多久，許多失業人員要麼永久退出勞動力市場，要麼選擇低技能、低收入的工作。

然而，本書將要揭示的是：這些經濟困境並非最近才出現，也不能僅僅歸咎於金融危機。幾十年來人們的工資收入微薄，財務安全漸被侵蝕，人們對未來的信心也隨之降低。對於許多美國人而言，要獲得或維持中產階級的生活方式似乎越來越遙不可及。他們在新聞中常聽到經濟"增長"和"恢復"，卻並未見其轉化為穩定的收入或增長的薪水。由於股市飆升，位於社會頂層的人們的收益驟增，已遠超其在經濟危機中的損失。但其他人並非如此，那些底層的窮人已經被洗劫一空。2009-2012 年之間，91% 的收入增長被 1% 最富有的美國人所佔有，這正是不平等擴大的一個縮影。

一些評論員指出經濟復甦的其他跡象，尤其是在就業市場。但是，儘管名義上失業率只有 5.3%，仍有數百萬人處於隱性失業或者兼職狀態。勞動參與率大幅降低，已經降至 20 世紀 70 年代末女性大規模進入勞動力市場之前的水平。許多非自願從事兼職或打散工的人們，想獲得工作但並未積極尋找，進而退出求職人群。如果將這一人群也考慮進來，實際失業率超過 10%。有色人種社區失業率更高，非裔美國人的失業率是白人的兩倍。這已是持續半個世紀之久的事實了。

超越政治分歧、代溝及讓我們痛苦的種族分裂，每一位美國人都渴望獲得指引、找到答案，實現全新的、普遍的共同繁榮。兩黨政客競相談論 "不平等" 話題，試圖號召選民關切此話題，吸引選民眼球。99% 和 1% 的問題，已成為 "全美國對話" 的一部分。但是，至今沒有哪位政黨領導人能直接明確地解釋，人才濟濟、經濟增長和創新能力記錄良好的美國，為何會陷入這個長期低迷的困境，也沒有任何人能制訂出一份明確、全面的計劃，帶領美國走出泥沼。就在這一刻，我們提出一個簡單的想法：重構美國經濟規則，使其更有效——不只為了富人，而是為了每個人。

我們的答案：重構規則

本書旨在解釋美國經濟出現的問題及該如何解決，就重構 21 世紀經濟規則進而實現共同繁榮列出廣泛議題，詳細闡述了需要開展的工作，並為我們增加信心，如果有政治意願，這些工作是能夠做到的。

本書最初以一份羅斯福研究所報告的形式發佈，主要面向政治決策者，但它的影響範圍遠超這一群體。《紐約時報》評價它為"重構 35 年經濟政策的激進藍圖……（這 35 年的政策）導致財富大量向富人集中，中產階級日益受擠壓"。《時代》雜誌説，《重構美國經濟規則》揭示了關於不平等問題的"秘密真相"。福特基金會將其稱為一個"里程碑"。當然，政客們也聽到了。伊莉莎白‧沃倫議員稱讚這篇報告"具有開創性"。支持者、勞工領袖、國會議員、總統候選人紛紛要求介紹、討論和進一步闡述"這些規則"。重要的是，他們視這份報告為行動的號召：要使經濟更強大，我們現在具體能做些甚麼？

我們原以為了解經濟學，其實不然

這裏的核心資訊非常簡單：美國經濟失去平衡並非由於經濟學的客觀規律。今天的不平等並非資本主義演化的必然結果。相反，是指導經濟的規則把我們帶到這裏。借助從經濟學中學到的知識、對規則制定者和制定方法的了解，我們能夠改變那些規則。最精彩的部分是，為了改善美國普通家庭財務穩定狀況而改變規則，實際有利於整體經濟。

我們現在知道，基於正統經濟學理論的經濟規則是錯誤的，也是過時的。供給學派經濟理論認為，規則管制、高税收和高福利制度所帶來的負擔阻礙增長 —— 這與幾十年前凱恩斯主義所強調的需求不足限制因素完全不同。供給學派的觀點不僅導致解除管制、降低高收入人群稅收，還削減了社會福利及公共投資。現在的結果是：我們降低了高收入人群的稅率、廢除法規，但收益並沒有"涓滴"惠及其他人。相反，這些政策增加了大公司和美國最富裕人群的財富，加劇了社會不平等，卻並沒有如擁護者所承諾的那樣推動經濟增長。

20世紀中葉以來，經濟學理論發生了根本性的轉變，現在出現了許多新證據，讓我們更好地了解市場的優勢與局限。證據表明，市場並非在真空中存在，而是由我們的法律體系和政治制度塑造而成。這也告訴我們，我們可以在改善經濟狀況的同時減少不平等。簡單地說，只能在經濟增長和讓更多的美國人共用繁榮中二選一，但這種觀念是錯誤的。

從今天我們所能看到的水平看來，不平等是一個選擇。既然規則不再適用，是重構它們的時候了。這是個好消息。

政治運動的角色，現在和過去

對真正變革的需求日益增長。這不僅是因為美國民眾當下的所見所感，也基於他們對未來的預期。

由於經濟持續數十年低迷，對於經濟形勢的擔憂，在政治討論中已從邊緣位置移到最中心。多數美國人收入停滯不前，但工人的勞動生產率卻在持續增長；二者間的差距前所未有。上層的公司高管和銀行家們收入飆升，而他們所經營的公司狀況卻沒有隨之改善。更加靈活的勞動力市場本應帶來更多就業增長，但實際並非如此，因為要想達到危機前的就業水平，並消化吸收潛在勞動力，美國至少需要增加300萬個就業崗位。可以看到，80%的就業增長來自低收入的服務業和零售業。美國的富裕階層財富日益增長，而普通民眾卻收入停滯、憂心忡忡，這一狀況在政治上非常脆弱。

　　儘管現狀不可持續，未來依然可怕。美國民眾知道，經濟正在發生根本轉變，這是一個經濟自我瓦解的時代。隨之而來的經濟轉型（包括技術和全球化的發展）將既帶來希望也帶來風險。越來越多的人靠賺取 "微收入" 來維持生計，通過各類平台提供召車、住房及各類服務，服務內容涵蓋從保潔到電腦編程。這類共用經濟能帶來極大的自由度和靈活性，當然也需要我們對 75 年前制定的法律框架進行更新。與現在相比，當時的《國家勞工關係法》和配套的勞工法規要求僱主關係更持久，對勞動者的定義更狹窄。

　　大多數美國民眾不需要經濟學家來告訴他們，解決面臨的變化和挑戰，需要一套全面的解決方案。對當前經濟結構的邊邊角角做一些小修小補，已無法讓經濟重回正軌。事實上，美國民眾非常清醒地認識到，經濟已經無法正常運轉。根據最近的民意調查，近 2/3 的美國民眾，包括共和黨、民主黨及無黨派人士，都認為貧富差距問題必須得到解決。我們看到，針對這些問題的社會和政治運動越來越有影響力：從重點反對金融行業特權的 "佔領華爾街" 及後續系列運動，到為增加工資、種族平等、降低大學學費和住房貸款而奔走呼籲的人們。他們都在表達真實的深層次需求，並要求採取行動。

　　本書聚焦美國，但在這裏發生的事情同樣也出現在世界上許多其他國家。受同樣的錯誤經濟理論影響，國際經濟規則已經發生改變。在一些情況下，美國被視為榜樣；在其他一些情況下，美國利用其在世界銀行、國際貨幣基金組織、世界貿易組織、20 國集團和其他國際組織的影響力，對其他國家強加這種改變，導致其他國家出現更多的不平等和更嚴峻的經濟形勢。

機遇

在社會廣泛呼籲變革的時刻,《重構美國經濟規則》解答了美國的經濟為何持續下滑這個問題,並在此分析的基礎上,提出了一套遠非在邊邊角角進行小修小補的解決方案。經濟放緩和不平等加劇,就像硬幣的正反兩面。過去30年所發生的變化,導致短視行為增加,長期投資減少,包括人力資本投資減少,而只有這些投資才能帶來持續的高增長率。這種短視行為導致經濟形勢不穩定,美國仍然在遭受上一輪經濟危機餘波所帶來的痛苦。

美國已經創建了一個充滿扭曲的市場經濟,它讓上層階級受益並扼殺長期增長。實現共同富裕並不只是再分配(在市場手段之後通過稅收和轉移支付進行再分配)的問題,儘管再分配也十分重要。美國政府也必須為大多數美國人增加工資、福利,並最終獲取經濟政治權利。基於以上觀察,本書提供了一套全面的答案清單,並且表明:事實上,美國能夠做到從源頭上抑制不平等,同時創造一個更加穩定、快速增長的經濟。

在今天僵持的政治環境中,這聽起來像是一個不可能完成的任務。但是,我們可以從過去汲取靈感。20世紀之交,當經濟徹底遠離農場和農業轉向工廠和工業的時候,美國進步運動試圖保護並最終從政治上動員了包括勞動人民在內的所有美國民眾。思想理念成熟於真正的變化之中。希歐多爾·羅斯福總統認識到,經濟權力集中將導致政治權力集中,他開始限制壟斷和托拉斯企業聯合組織。佛蘭克林·羅斯福新政設計了一套新的政策體系,試圖通過重新締結社會契約和改善眾多美國民眾在新工業經濟中的狀況,來對抗經濟和政治力量的雙重集中。這也是為了使這些政策理念成為現實的一個基本承諾。

羅斯福新政遠遠不夠完美，特別體現在對婦女和有色人種的不作為上，我們今天必須努力糾正這些不足之處。但 1892-1938 年的歷史表明，為了人民，美國政治家可以將外部社會運動和強大的政治力量整合起來，對規則秩序做出深刻的結構性變革來指導美國的經濟。

今天，我們又有機會看到這一幕重現，並有義務去推動它。這些規則經過幾十年的醞釀才產生，也將通過長時期的努力才能得到全面重構。美國的中產階級和工薪階層已經在恐懼中生活太久，但正如佛蘭克林・羅斯福告訴我們的，我們唯一害怕的事情就是害怕本身。本書讓我們推開過去的那種恐懼，並將未來的經濟掌控在自己手中。

那份羅斯福研究所原創報告的廣泛發行表明，許多華盛頓內外的政客們都正在關注。然而，這裏的各種分析和論據要求的更多——要求採取行動。我們的政治領導人有勇氣回應這個呼籲嗎？

《重構美國經濟規則》這本書是一個團隊努力的成果。這個團隊有眾多專家和研究人員，其中包括來自羅斯福研究所的內爾・阿伯內西、亞當・赫什、蘇珊・霍姆伯格和麥克・孔恰爾。埃里克・哈里斯・伯恩斯坦在研究方面提供了大力幫助，他不知疲倦地仔細研究了大量資料、歷史分析和眾多的政策解決方案，使得本書內容不僅全面，而且精闢和富有說服力。如果本書能夠成功地實現這一困難的平衡，都應該歸功於他們的卓越智慧和辛勤工作。

《重構美國經濟規則》這本書也離不開許多具有先見之明的和樂觀人士的大力支持。我們對福特基金會提供的諮詢和支援表示感謝，尤其要感謝達倫・沃克、賽維爾・德索薩布里格斯和陳唐。同時，也要感謝麥克亞瑟基金會，特別感謝揚納・卡奇諾斯和塔拉・馬格納。恰巧在一個關鍵時刻，為實現一個更強大、健康的美國經濟而長期奮鬥的伯納德 L. 施瓦茨和他的同事蘇珊・托里切利，為我們帶來了支援與鼓勵，並建議我們如何能最有效地提出論點。當然，羅斯福研究所董事會為我們的工作提供了一如既往、長期不懈的熱情支援，使我們對當前經濟形勢的學術研究在今天的政治僵局中顯得更加重要。安娜・埃莉諾・羅斯福，與 80 多年前她的祖父母重構美國經濟和社會時一樣，表現出了同樣的政治敏銳、同情心和務實精神。

如今，我們只希望能夠表達一些相同的先見之明，及一些同樣能夠取得成功的方法。

約瑟夫 E. 斯蒂格利茨
1997-1999 年，世界銀行資深副行長兼首席經濟學家

費利西亞・黃
羅斯福研究所總裁兼首席執行官

第一章　概要

美國的經濟已經不再服務於大多數美國人了。我們生於一片充滿機遇的土地，並創造了第一個中產階級的社會，這都是我們曾經引以為傲的事，然而，在不經意間，一些重大的改變卻在使大多數美國人距離中產階級的生活越來越遠。與此同時，極小部分人卻可以名正言順地將經濟收益的絕大部分據為己有。

與過去相比，美國日益加劇的不平等使許多經濟學家和政治學家大惑不解，因為這與他們的經濟模型的預測完全不同，與他們依據 20 世紀初期的經驗進行的推斷相去甚遠。

問題到底出在哪裏？經濟學家們翻開教科書中的模型，對大量資料進行檢驗，希望從中找到答案。有人歸因於技術進步和全球化，也有人認為是政府束縛了自由經濟，阻礙了商業發展，還有人聲稱，美國的經濟不過是對那些勇於承擔風險和提供就業機會的自謀財路者，給予豐厚的回報。這些答案統統不是問題的關鍵所在。本書將建立一個全新的制度框架，帶領你了解和關注當前的經濟趨勢，主要內容包括：

- 1% 的人收入直線上升，其他所有人的工資原地踏步，二者並非孤立的現象，而是經濟出現問題的兩種症狀，投機行為獲得的回報，遠勝於辛勤工作和投資。

- 與其他發達國家相比,美國的不平等現象更為嚴重,成功的機遇也更加渺茫。以往的美國夢如今更像是一個神話,這一點也不稀奇:在收入和財富高度不平等的經濟體中,機會的不平等也就成了家常便飯。
- 問題的根源在於規則和權力機制,它們以長期創新和增長為代價換取了公司權力和短期收益。
- 這種規則和權力機制並沒有增強經濟的整體實力;事實上,它們在很大程度上削弱了經濟。
- 僅針對不平等造成的最惡劣後果的小修小補方案無法重構規則和權力機制,也就無法改變工資停滯不前和收入暴漲的現象。
- 我們要重構這些制約經濟的規則,讓更多的美國人擁有更加美好的未來,增強我們的經濟實力。
- 過去30多年逐漸形成的不平等不是一夕之間就能完全打破的,這裏沒有靈丹妙藥。但是,我們可以採取一些政策,讓眾多美國人可以享受到夢寐以求卻日趨遙遠的中產階級生活。

在牢記上述觀點之後,我們還要仔細思考政府該做甚麼、不該做甚麼,這些行為又會對不平等現象產生怎樣的影響。我們要的不是細枝末節的修改,而是要關注所有影響日常生活的規則和權力機制。

我們要知道,減少不平等並不僅僅是再分配的問題。經濟政策影響着稅前、稅後、交易前、交易後的收入分配。例如,稅收政策在支持一些滋生不平等行為的同時就很可能犧牲了其他一部分人的利益。我們不難發現,這並不只是理論上的可能性而已,它正在美國真真切切地發生着。

傳統的分析都是以完美市場的模型為基礎進行的,我們常常假定遊戲規則。假定市場存在於真空之中，完全受自然規律擺佈，而經濟學家們要做的，就是研究供給和需求曲線的形狀，以及不同時間內影響它們發生變化的因素。

> 所謂規則，指的是影響經濟運行的所有制度、法律框架以及社會標準。有關財產權利、合同的執行、企業的建立、行為和責任、企業與員工關係、借款人和貸款人的義務以及對他們的保護、金融市場買賣雙方的義務以及對他們的保護等規則統統囊括在內，還包含制約着政策所制定的規則和體制——如，稅收政策、政府開支和貨幣政策等。此外，那些書面的和非書面的規則也不容忽視，因為它們也常常形成一種歧視的定式，將人口中的一大部分——婦女和有色人種——排除在社會和經濟機會之外。[1]

但是，完全競爭下的市場幾乎是不存在的；因此，市場權力以及決定它的規則就會使結果有所不同。比如，議價能力就決定了勞資談判中誰是最大的贏家，而工會的力量、法律和經濟環境、全球化的格局等都會對它產生影響。在不完全競爭的市場中，公司也有其各自的市場權力：如定價權。同樣，各種團體的政治權力，也使它們得以將市場規則按照自己的利益進行制定和執行。

美國面臨的難題，就是重新制定這些規則，使它們服務於廣大民眾。為此，美國的經濟學家要重新研究那些自認為已經瞭若指掌的現代經濟運行模式。他們必須設計出新的政策來消除金融業、公司制度、宏觀經濟、貨幣、稅收、支出、競爭法、勞工關係以及政治制度中的低效和利益衝突。由於經濟是系統性的結合體，各種因素相互關聯，因此，必須將所有這些難題一併解決，才能發揮實效。這並非易事。但是，在美國人民已經對政府服務於大眾的能力喪失信心的時刻，美國政府必須下定決心，作些根本性的改變。

美國政府如今面臨的問題大多源於它們曾經做出的 —— 或者未能做出的經濟決策 —— 從 20 世紀 70 年代起。美國政府的經濟、政治和社會中正發生翻天覆地的變化，因此本書的面世迫在眉睫。美國政府不能再施展一些小伎倆，然後企望它們會產生魔法般的效果。它們知道答案：這是不可行的，且後果也是它們無法承受的。正如我所提到過的，這不僅是着眼於眼下，更要關注未來。今天的政策將會塑造出 2050 年的美國：如果我們不能改弦更張，那將是一個增長遲緩、處處充滿不平等的國家。

不平等是一道選擇題，並且我們有能力做出一些改變。

市場權力

> 既能決定市場交換的條件，又能決定管轄該交換的規則的能力。

原有模型錯在哪裏

過去 35 年的經濟發展狀況，讓我們不能不對傳統的經濟學理論和經濟發展的軌跡，進行重新的思量。甘迺迪總統提出的 "水漲船高" 的理論，曾在經濟和政策領域引發了多年的反思。[2] 20 世紀 50

年代的諾貝爾獎獲得者西蒙・庫茲涅茨（Simon Kuznets）認為，任何經濟發展的最初階段都會伴隨不平等的擴大，但最終，當經濟發展到一定的高度，這些不平等就會慢慢減少。[3] 事實上，第二次世界大戰開始之後幾十年內的不平等現象確如他所言，曾大範圍減少，但20 世紀 70 年代之後的歷史卻與他的理論背道而馳。在過去的幾十年裏，經濟增長的利益大多數被最為富有的 20% 人口所佔有，而分配給 99% 的低收入群體的國民收入份額則大幅降低。[4] 在此期間，人們的收入，尤其是男人們的工資始終停滯不前。[5] 更值得關注的是，2010-2013 年，美國經濟在復蘇，薪資中位數卻仍是一路下跌。[6] 現在，我們已經清楚地看到，經濟發展水平雖然提高了，"船" 卻仍停留在原來的水位上。

　　這種對不平等與經濟表現之間關係的新認識也動搖了我們經濟世界的基礎。過去，人們普遍認為二者之間是相互制約的關係：我們要爭取更多的平等就必須以經濟發展的減速為代價。林登・詹森總統時期的經濟顧問委員會主席亞瑟・奧肯就曾將平等與效率之間的明顯互斥關係描述為 "兩難衝突"。[7] 那時，為了獲得更廣泛的平等所採取的核心手段就是重新分配（更激進的稅收和支付轉移政策）。人們認為，這些政策會對刺激經濟的誘因產生不利的影響，從而破壞經濟的整體表現。因此要減少不平等，就只能犧牲經濟發展。[8] 但是，新的證據顯示，國家完全可以在不損害甚至在促進經濟發展的同時，成功地解決不平等現象。[9]

　　從 20 世紀 70 年代末起，美國的經濟增長率便開始一蹶不振，還經歷了四輪重大的經濟衰退（包括大蕭條之後最為嚴重的這一次），有限的增長為上層人士所佔有，大多數人的收入陷入停滯，中產階級日漸空虛。顯然，自上而下的經濟模式（通過增加上層收入來惠及普通大眾）並未奏效。新的觀點認為，自下而上的經濟模式（以中產階級為着力點發展經濟）更有可能獲得成功；換句話説，平等與經濟整體表現是相得益彰，而不是相互取代的。

傳統智慧信條的破滅帶給我們深深的思考。它告訴我們，共用經濟增長並不是一件理所當然的事，並且我們無須擔心促進共用經濟增長的努力會破壞經濟的整體表現。在近期的研究中我們發現，擴大的不平等會以各種方式影響經濟的運行，這也是國內生產總值的高速增長無法為絕大多數人帶來福利的原因之一 [10]。

新的觀點強調，在運轉失靈的經濟體中，僅將目光投向那些治標不治本的政策（如，改善最為極端的不平等現象），無法改變經濟的運行模式，或者從根本上解決美國經濟比其他發達國家更易滋生不平等的問題。在過去的 35 年裏，很多國家的經驗表明，重新制定金融、公司管理、國際貿易等方面的規則可以促進增長，共用繁榮，而不是將更多的財富和機會塞入已經最為富有的人群的腰包。

教科書裏的模型總是用一個簡單的理論來解釋不平等：每個人的所得都是與他對社會的貢獻成比例的。因此，個人的收入差異就來源於生產力、技能和勤勞程度的差別，而收入分配的改變則源於技術的進步、對人力物力的投資等。按照這種理論，20 世紀後半期大多數薪資不平等的情況都要歸因於"技能型"的科技進步，技術的進步使掌握了某項技能的人們獲得了比其他人更好的優待。從長遠來看，這些技術的獲得離不開教育，因此，較高的薪資會吸引更多的年輕人學習這些附加值較高的技術，而他們學成之時，之前的高薪已經開始下降。高等教育的附加值反映出新技術的需求和勞動力之間的不匹配。獲得這些重要的發現之後，一些政策相繼出台：讓更多的人擁有這些技能，從而改善不平等狀況。

　　但是，這些理論有很嚴重的缺陷和限制，我們會在附錄中詳細講述。例如，技術的進步無法解釋為甚麼高技能的工人越來越多地開始從事低技能的工作；無法解釋過去十年裏薪資的變化（為甚麼即便是技能工人，他們的日子也同樣不好過）；無法解釋公司高管人員的收入飛速上升，包括首席執行官和金融業從業人員，以及工人生產力的整體提高與平均薪資之間日益加深的鴻溝。歷史上，薪資與生產力的增長向來是並肩前行，但是在過去的 30 多年裏，它們卻日漸疏遠了。

　　不可否認的是，不平等以及整體收入的增長在個人之間的分配是由眾多因素導致的複雜現象。技術、全球化、人口結構等都是非常重要的因素，很難將它們的重要性分出高低。但是，這些因素都是全球普遍存在的。如果它們是最主要的誘因，那麼所有發達國家都會受到影響。但與其他發達國家相比，美國的不平等現象卻最為嚴重，因此，我們不能將這種後果全部歸咎於全球化的因素。[11] 此外，這些因素的影響也不是不可控的。我們制定的政策可以在很大程度上改變它們的影響。既然舊的模型已經失效，我們不妨為如今的極端不平等提供一種新的思路。

一個新方法：制度與修正結構性不平衡的重要性

　　制度主義的方法以兩種經濟現象為基礎：規則很有用，權力很重要。這種方法來源於學術研究的一系列結論。過去的 40 年，經濟學家們越來越意識到，以完全的資訊、充分的競爭、完整的風險市場和全部的理性為假設前提的標準模型，已經難以準確地描述經濟體中各種市場的運行情況。許多研究人員，包括我自己在內，還有喬治・阿克洛夫（George Akerloff）、邁克爾・斯彭斯（Michael Spence）、讓・梯若爾（Jean Tirole）、丹尼爾・卡尼曼（Daniel Kahneman）、奧利弗・威廉姆森（Oliver Williamson）、道格拉斯・諾斯（Douglas North）、約翰・海薩尼（John Harsanyi）、約翰・納殊（John Nash）、萊茵哈德・澤爾騰（Reinhard Selten）、埃莉諾・奧斯特羅姆（Elinor Ostrom）、羅伯特・希勒（Robert Shiller），都是以資訊的不對稱和不完全、交易理論、不完全競爭、行為經濟學和制度分析等方面的研究成果獲得了諾貝爾獎。這些成果提出了關於勞動力、產品和金融市場運行的全新觀點，更重要的是向我們揭示了制度和規則對於驅使市場有序競爭的作用，這是造福全體人民的好事。即使是在競爭的市場中，也會出現"市場失靈"，這時就需要政府的干預來確保其結果高效有序、有利社會。

這一理論得到了許多真實事件的證實。2008 年的經濟危機和隨後的大蕭條告訴我們，在無序的市場經濟中，任何承諾都是空話。為了維持銀行和市場，美國政府不惜提供了 8,000 億美元的擔保。[12] 而逃過一劫的金融系統卻並沒有給普通的抵押人或大眾帶來福音，在 2007-2013 年間，有 400 萬人失去了自己的住房，薪資中位數下降了將近 8%。[13]

總之，雖然傳統理論和制度經濟理論都對當下的經濟形勢進行了詮釋，但更為關注結構性因素的後者顯然更令人信服。

財富與不平等

經濟學家們正努力建立一個新的理論體系，來解釋當前經濟中的各種不平衡現象，尤其是財富相比於收入的上漲。湯瑪斯・皮凱蒂（Thomas Piketty）在他的著作《21 世紀資本論》中提出，r 大於 g —— 指的是資本收益率大於整體經濟的增長率 —— 這也意味財富比收入增長更快。也就是說，如果資本收益率沒有降低（他認為事實就是這樣的），那麼不平等的加劇將是資本主義歷史發展不可避免的結果。皮凱蒂的研究和他收集的資料都很有價值。但我們認為，對於皮凱蒂完整記錄下來的上層人士財富的失控增長和收入的不平等，r 大於 g 或許不是正確的答案，至少不是全部的答案。

靠正常收入的日積月累形成的資本貨物使財富與收入之間的差距越來越大，這一點單憑理論和經驗很難解釋。此外，如果是生產性資本的增加導致了財富的增長，那麼平均工資也應有所增長，投資回報率應該有所下降。但這些卻都沒有發生。

財富的增長大多歸因於固定資產價值的增加，而非生產價值的增加。最明顯也最常見的例子就是房地產價值的飆升。如果房產價值的提高只是因為地價上升，而不是周圍環境的改善，那麼就不會提高經濟的生產力；沒有僱用新的員工，沒有支付任何的薪資，也沒有進行任何的投資。若用經濟術語來形容的話，這種收益只是"土地租金"。地價的上升有些是城市化的必然結果，有些是經濟金融化的產物，包括信貸的增加 —— 通常只有那些已經手握財富的人才能獲得。土地租金是經濟中最顯而易見的租金來源，經濟學家還提出了許多其他類型的租金，包括壟斷利潤、藥品定價、專利和其他形式的知識產權等。

租金的資本價值促進了財富的增長，租金漲了，財富自然也會增加。如果壟斷權力更多，壟斷利潤也就更多，那麼壟斷的價值也就越大 —— 這是經濟中可衡量的財富。但是經濟的生產力卻會下降，通貨膨脹也會導致薪資的價值下跌。不平等也就隨之加劇了。

金融化

金融業的發展及其對實體經濟控制力的增強，包括金融業的價值和行為對社會其他方面產生的影響。

近期的理論研究表明，這種"剝削性"的租金並不罕見，那些制約經濟的規則的改變很可能導致 —— 或者說已經導致了 —— 租金及其資本化價值的增加。[14] 例如，銀行系統的過度集中會使更多的銀行"大而不倒"，也就是說，單個銀行的倒閉很可能會將整個金融系統置於險地，那麼該銀行的價值就會增加，但不是因為大銀行效率更高，而是因為壟斷權力的擴大以及未來政府會為其提供擔保的預期。在本書中，我們將資本與財富區分開來。只有資本的增加才會促進增長；因為財富的增加很可能只是租金上漲的結果，經濟的生產力並沒能隨着可衡量財富的增加而有所提高。事實上，隨着財富的增加，生產力甚至有可能出現下滑。

尋租行為

通常以剝削手段攫取他人利益，而不是靠有經濟價值的活動獲得財富的行為。例如，因壟斷而對某種商品的開天要價（壟斷租金），或藥品公司促使國會通過法律允許它們制定高昂的價格，卻向市場提供很少的商品、服務和真正的創新。

要恢復經濟領域的平衡，減少不平等，促進實體經濟的健康發展，我們必須對這些租金的根源進行徹底的清掃。

這可不是出於妒忌。過去 35 年，包括 2008 年金融危機以來的經濟停滯和低收入復甦，這些事實和教訓告訴我們，如果經濟體制無法創造共同的繁榮，美國就無法實現真正的發展。本書要討論的就是如何為全體美國人創造出更好的經濟、民主和社會。

我們如何走到了今天

過去的 30 年裏，美國的經濟、政治和社會都發生了轉變。曾經在私營部門、勞工制度和政府之間的權力平衡逐漸打破，美國向着不平等的方向漸行漸遠。這不僅意味着需求不振、增長乏力，還說明針對教育、研究、開發等方面的長期投資減少，創新能力減弱。

那個只要努力工作、遵守規則就能獲得成功的美國夢，已如泡影般虛幻。如今，美國的年輕人是否能夠擁有光明的前途基本要仰仗父母的收入或教育程度。曾經，他們以自己的國家擁有最多的成功機會而倍感驕傲；而今，美國依舊是最為發達的經濟體系之一，卻成了最缺乏流動性的那一個，與其他發達國家相比，美國孩子的收入更多地依賴於父母的教育和收入。

不能使孩子們站在同一起跑線上並過上優越的生活，我深表遺憾。事實上，如今的美國有 20% 的兒童生活在貧困之中（包括 38% 的非裔兒童和 30% 的拉美裔兒童）這不僅是道德問題，也是經濟問題。[15] 今天，如果我們不對孩子、工人和國家進行投資，那麼明天，我們將依舊停留在發展遲緩、嚴重不平等、機會匱乏的發展道路上。

20 世紀 80 年代以前，美國的經濟領域曾經更為平衡，20 世紀中期，美國的經濟曾經運行得更為順暢。面對大蕭條的災難，佛蘭克林·羅斯福總統曾實施一系列主要政策的修訂案，來應對無管制的銀行和股市帶來的災難性後果。聯邦存款保險公司確保了銀行存款的安全無憂；《格拉斯—斯蒂格爾法案》將吸收存款的銀行與從事各種投資行為的銀行分隔開來，確保銀行不會使用聯邦擔保的資金從事高風險的投機；證券交易委員會實施了新的市場與證券法，保護普通投資者，防止操縱市場和內幕交易；《國家勞動關係法》賦予了工人們集體議價的權力。這一系列的組合拳被約翰·肯尼士·加爾布雷思（John Kenneth Galbraith）稱為"制衡力量"，它使得美國逃離了金融危機，持續發展了半個世紀。[16] 在這段資本主義的黃金時期，美國經濟的發展速度史無前例，上層、中層、下層人民的收入都穩步增加，底層群眾的收入比上層增加得更快。

當然，即便是在資本主義發展的黃金時期，市場和經濟也並非完美無瑕。對於婦女和有色人種的歧視，使大量美國人不得不從事低收入的工作，如家政、守衛等缺乏工會保護的工作。非裔美國人被高等教育拒之門外，住房貸款僅向中等收入的美國人敞開大門。

一代人權利的剝奪也會對下一代人產生影響。從 20 世紀 50 年代開始，民權運動轟轟烈烈地展開，並在廢除種族隔離、反歧視、選舉權等方面取得了一些進展。這一輩人的流動性也有所增加，但後續的措施未能及時跟進。前進的道路上再現重重阻礙，流動性也遲緩下來。20 世紀 80 年代，受 70 年代提出的供給學派的經濟理論的影響和保守的意識形態和特殊利益的驅使，美國的政策制定者們開始解除對經濟的管制。[17] 他們降低了高收入人群和資本收益的所得稅。90 年代，資本收益的所得稅再度降低。21 世紀初，最高稅率、資本收益、股息紅利的收入所得稅一降再降。所有這些做法都打着鼓勵工作和儲蓄的旗號，認為低稅收可以促進增長，造福全民。列根總統甚至聲稱，經濟的增長會使稅收收入不降反升。結果卻是令人失望的：供給學派經濟理論所預見的情形未能如約而至，稅收收入下降，美國進入了低增長的不穩定期。

供給學派經濟理論

注重增加經濟供給的理論（如，為公司和投資者創造更優越的條件，降低工人的所得稅，並以低稅率吸引更多的勞動力供給），與凱恩斯的關注需求的理論恰恰相反。供給學派經濟理論假設更低的稅率和更為寬鬆的監管可以增加就業、投資和創業，從而啟動強勢的增長態勢，並將高就業、高收入和高稅收收入的利益惠及大眾。最終，該理論未能實現其預期的情形，也因此受到了眾多經濟學家的質疑，但仍受到一些保守派理論家的追捧。

20 世紀末到 21 世紀初，美國又是經歷一輪翻天覆地的變化。這些年裏，無監管的金融業不斷激勵公司進行短視行為。20 世紀末的大部分增長都是不穩定的，建立在資產泡沫之上的——先是技術泡沫，再是房產泡沫。所謂的"大穩健"最終不過是美妙的幻影：新的經濟理論（如貨幣政策相關的）並沒有帶來更為有序的經濟體制，反而導致了更多的不穩定性、更慢的增長速度和更為嚴重的不平等。

與此同時，技術和全球化也在發生着變化，全球各國更加緊密地融合。如果美國政府管理得當，這些進步本應提高人們的生活水平，而不是對中產階級的生活構成威脅。廣為流傳的觀點認為，不受約束的市場會讓所有人生活得更好，但事實卻並非如此。全球化和技術的進步使世界市場的相互依存度日益加深，在這場逐底競爭中缺乏對勞工成本的保護，將使美國經濟喪失大量的就業機會，薪資也將面臨下降的壓力。再加上美國經濟的不斷金融化，這些作用力使垂直整合的製造業呈現出下滑的趨勢。[18] 最終我們面對的將是高租金、重剝削、低工資、低就業的美國經濟。

短視行為

　　20 世紀 80 年代之後出現的公司管理模型，關注短期利潤和股東收益，忽視了公司的持續、創新和增長所必需的對人力和科研的長期投資。

　　如今，很多人對 20 世紀末到 21 世紀初的創新性改革寄予厚望：互聯網支援下的分散式技術、納米技術的前景、生物技術和個性化醫療的各種可能性。迄今為止，有些領域已經取得了巨大的進展，建立起了強大的公司，依靠互聯網的力量積聚了真正的財富。但真正的經濟問題在於這些技術是否能夠給人們帶來增長、機會和更加富足的生活。21 世紀的互聯網及其待開發的創新潛力，是否能像 20 世紀的製造業一樣，為美國人帶來收入的增長？還是會使高租金的經濟雪上加霜？互聯網技術的確讓我們受益良多，但它是否能帶來共同的繁榮，我們尚未得知。不可否認的是，一些新技術更可能帶來收入、財富和權力的進一步集中。

　　這是美國的挑戰：要實現創新的願望，美國政府必須先處理好 35 年的供給學派經濟理論遺留給它的各種問題，以及相關的配套政策，這些政策幾乎影響了經濟和社會生活的方方面面，並給美國帶來了遲緩的增長和空前絕後的不平等。

講述如今的經濟

　　我們面對的 21 世紀的美國經濟是以低工資和高租金為特徵的。其中的規則和權力機制並非清晰可見。若把緩慢的收入增長和日益加劇的不平等比喻成一座冰山：可見的冰山一角就是人們日常所見所感的不平等現象：少得可憐的薪水、微不足道的福利、前景不明的未來。

* 水面之下則是導致這些現象的誘因。它們難以看清卻至關重要：那些制約了經濟、創造了不平等的法律和政策。其中包括收入貧乏、妨礙了長期投資、對投機和短期收益給予豐厚回報的稅收系統；對公司行為的鬆懈監管和執法不嚴；保護兒童和工人的規則和政策的缺失。

* 最底部則是龐大的全球化作用力，它廣泛存在於所有現代經濟體中——如技術、全球化、人口結構等。這些都是不可忽視的力量，但即便是最為強大的全球趨勢，在影響經濟發展的同時，也可以為我所用，並推動它向有利的方向前進。

* 冰山的頂端是人們看得到並且感受得到的。對於選民和政客而言，這也是最為重要的部分；這就是美國人民的日常生活。但它卻受着各種市場作用力的擺佈，這些力量不僅決定了政治經濟的權力平衡，還創造出了贏家和輸家。正如冰山的水下部分可以使船隻沉沒一樣，這些規則也能使美國的中產階級遭遇滅頂之災。

　　在通常情況下，政策制定者、宣導者和公眾只是集中精力應對那可見的冰山一角。（見圖 1-1）在美國的政治系統中，提出收入再分配、限制權力影響的偉大提案，被簡化成了受限制的所得稅抵免或高管收入的公開透明。不僅如此，政策制定者還對任何干預的價值進行譴責，認為冰山底部的力量過於強大，難以掌控 —— 全球化和偏見、氣候變化、技術等外部力量都是政策難以觸及的。如果美國政府能抑制過度的住房融資，金融業就會尋找其他方式製造泡沫。如果美國政府限制了一個高管的薪資，公司就會尋求更為複雜的方式來回報他們的首席執行官們。

倍感挫敗的學者們得出結論，隱藏在經濟背後的力量是無法應對的。對此，我們持反對意見。如果我們不去面對這些法律、規則和全球化作用力，我們可能無計可施。但本書的前提是我們可以重塑冰山的中部，這些中間的結構決定了全球化力量以何種方式呈現在我們面前。

這就意味着通過解決勞工法、公司治理、金融監管、貿易協議、歧視、貨幣政策、稅收等方面的問題，我們可以最大限度地改善經濟安全和增加機會。

圖 1-1　冰山的一角

我們對經濟規則和決定它們的權力的關注並非要政府遠離此道。政府永遠難以置身事外。正如我們前面所說，市場不是存在於真空之中的；是政府制約着市場，決定了它運行的規則和制度。規則和體系是經濟的重要依託，政府制定規則、更新規則、執行規則，人人都能從中獲利。

本書的結構

當經濟的運行表現不盡如人意時，我們可以採取大量的政策措施促進增長，減少不平等，只是我們沒有充分地利用這些手段。不平等的加劇和平等機會的減少已經到了我們目前的小修小補無法解決的地步（如提高最低工資標準、教育改革、增加教育機會等政策修訂都遠遠不夠）。這些修訂雖然不能說是無足輕重，但也只是治標不治本，暫時緩解症狀而已。我們需要的是更全面的方案，能夠從根本上改善市場的收入分配，真正為廣大群眾提供機會的方案。其中最為重要的一部分，就是對增長過快的金融業，及其對私營部門的行為和整體經濟的決策影響，採取必要的手段。

本書提出的方案針對的是不平等的根本誘因。在第二章〈當前規則〉中，我們提出，公共政策的決策程式是日益加劇的不平等和不穩定的根源。20 世紀 80 年代和 90 年代對金融業、公司治理和勞工法的全面修訂收效甚微。對於貨幣和財政政策的目標和行為的修訂，使富人們處於更為優越的地位。而實現美國相容並包的承諾卻一拖再拖，廢除結構性歧視，我們尚無任何建樹。所有這些都是政策選擇的結果，向我們許下促進增長的承諾，結果卻讓我們的經濟更加不平等、更加不堪一擊。

不平等的加劇已經到達了危機的邊緣。與 2008 年的金融危機不同，它不會因我們的無所作為而導致經濟的瞬間崩潰。它不易察覺卻深入骨髓，我們今天的所作所為會決定未來美國經濟和社會的本質。如果我們誤入歧途，就會面臨更為嚴重的不平等和經濟實力的進一步衰退。如果我們迷途知返，不僅能夠立見成效（為眾多美國人守住他們渴望的中產階級生活），還能為未來的經濟打下廣泛的、共同繁榮的基礎。在第三章〈重構規則〉中，我們要討論的是應對該危機的必要的政策方案、修正經濟體制所必需的改革，以及為了使更多的美國人能夠靠辛勤勞動過上幸福的生活，我們還能夠做些甚麼。

第二章　當前規則

　　不平等是一種選擇。自 20 世紀 70 年代開始，一波意識形態、制度和法律領域的變革開始重新配置市場資源。首當其衝的是解除管制。支持者稱，這將放鬆對經濟的制約，讓其通過自由發展實現繁榮。接下來是降低高收入稅率，促使資本流向私人部門的儲蓄和投資，而非流向政府部門。第三是削減社會福利支出，鼓勵人們多工作。有人認為，通過政府讓位，市場的創造力和金融部門的活力將會振興全個社會。

　　然而，事實並非如此。首先，稅收驟降，赤字飆升。接着，我們看到出現了不穩定跡象——1989 年的金融危機導致 20 世紀 90 年代初經濟出現大蕭條。今天，我們可以回首過往，反思那些所謂"改革"的代價：20 世紀 80 年代以來最嚴重的經濟危機，30 年來最緩慢的經濟增速，以及急速加劇的不平等現象。[1] 現在我們也了解到，"解除管制"事實上是"重新管制"，即設立一套新規則來治理經濟，進而服務於一群特殊利益群體。

　　最近幾年，解讀過去幾十年的經濟變化趨勢已成為經濟學家關注的焦點。當前，勞動參與率創 38 年新低。[2] 經濟大蕭條前，平均家庭儲蓄率佔收入的 3%。經濟大蕭條後，儲蓄率卻在上升，去年平均為 4.8%，但仍不足以彌補財富損失或對負債家庭償還債務產生影響，更不足以支撐可持續增長。[3] 投資疲軟，[4] 美國企業坐擁數萬億美元，卻不投資，儘管有效企業稅率（企業實際需要支付的平均稅率）在下降。[5] 所有這些幫助解釋了為甚麼預期的增長沒有實現：所預期的供給側影響並非真實的。經濟模式出現錯誤。

20 世紀 70 年代以來，遊戲規則改變，破壞了第二次世界大戰（簡稱二戰）後 30 年裏形成的經濟力量平衡。在本章，我們將檢查令我們陷入歧途的轉捩點，並借助沿途吸取的教訓來思考它們。

- 經濟規則發生的根本性改變帶來不平等加劇，結果導致不僅享受經濟成果的人更少，整體經濟甚至企業投資增速也在放緩。

- 私營部門裏，金融業本應服務整體經濟，事實卻是在為自我謀利。企業本應服務包括工人、股東和管理層的所有利益相關方，事實卻是打着提升"股東價值"的幌子只為企業最高層服務。重要行業裏，只讓少數幾家公司的市場支配力提升，意味着弱化競爭。結果造成行為短視、對新增就業崗位和未來投入不足，價格高企以及不平等現象日益嚴重。

- 稅收體系鼓勵投機而非努力工作，扭曲經濟，服務頂端的 1% 人群的利益。

- 貨幣和財政政策方面，過度關注財政赤字和通脹的影響，卻忽略了對經濟繁榮的真正威脅，即日益增長的不平等現象和投入不足。結果導致失業率居高不下、不穩定加劇以及增速放緩。

- 勞動力市場在制度、法律、規定及規範上發生的改變削弱了勞動者的權力，使得勞動者很難與過於強大的公司及其市場特權相抗衡。結果導致生產率和工資間的差距不斷增大，這也許是過去 1/3 個世紀裏美國經濟生態中最突出的特徵。

- 在受歧視人群和弱勢人群中，這些問題尤為嚴重。市場可以讓優勢代代相傳，而歧視卻剝奪了大量民眾自身發展人力資本和積累財富的能力。

以上描述赤裸裸地展現出一個出現問題的世界。然而，這些都是可選擇的，也就是說，我們可以選擇不同的做事方式。本書最後一部分將指明一條前行的道路。

市場壟斷過多，缺乏競爭

- 競爭是經濟體成功應具備的最核心特徵，它能激勵企業提升效率並降低價格。競爭限制市場壟斷，防止壟斷方在經濟政治方面受到特殊照顧。
- 美國經濟中有相當一部分已遠離這一競爭理念。市場壟斷越來越嚴重，已影響到民眾生活和整體經濟。
- 技術變革和全球化助推市場壟斷加劇，但政府所做出的政策選擇也起到了推波助瀾的作用。許多情況下，政府選擇對市場壟斷放任不管。
- 由於這些行為會降低經濟效率，扼殺積極性，因此約束市場壟斷能使美國經濟不僅更公平，而且更有活力。

教科書上的經濟學假定了一個理想世界：任何企業都對市場沒有影響力。由於有許多家企業在競爭，沒有任何一家有能力提高價格或者提升自身利潤，因為消費者可以轉向從其眾多的競爭對手處購買商品。然而，現實世界裏，市場特權關係是經濟的核心特徵，表現在諸多方面，如企業和客戶之間，企業和勞動者之間，以及企業和政府之間。

市場運行公開、透明、競爭的程度，受一家或少數幾家競爭者支配的程度，行業進入門檻的高低，以及市場參與者共同分享同一資訊和知識的程度，這些都與在市場上行使特權的能力相關。這些特徵能決定市場特權主體對他人行使權力的程度，即使當人們看上去是在自由交易。[6] 市場特權包括傳統的自然壟斷，如一位房主只能從一家公司買電；也包括更複雜的案例，如企業經營規模和範圍賦予一家企業在整個供應鏈上有定價權，還包括勞動力資源充足導致僱主有權制定工資標準。我們說這些主體有權制定工資標準或價格，並不意味這一權力不受約束。我們簡單地做一區分，例如，一家企業將價格定在成本之上，能提升利潤卻幾乎無須流失客戶，這樣的市場不同於完全競爭市場，對後者而言，一旦某家企業提高價格，客戶將轉向其競爭者。為簡單起見，我們使用"壟斷"來代表市場上各種不同的特權關係。

為何需要規則來確保市場保持自由和競爭

美國制定規則保護市場競爭的歷史久遠，可追溯至 1887 年設立第一個全美國行業監管機構州際商務委員會，和 1890 年制定《謝爾曼反托拉斯法》(簡稱《謝爾曼法案》) 以禁止特定的兼併和反競爭商業行為。《謝爾曼法案》與《聯邦貿易委員會法案》及《克萊頓法案》，都於 1914 年通過，構成了聯邦反壟斷法律體系的核心。這些法案對於不合法商業行為的描述較為籠統，法院會基於個案實際情況來判定具體行為的合法性。

隨着時間變遷，美國成立了許多機構來監管反競爭行為，並對壟斷行為施壓。然而，20 世紀 70 年代開始，關於競爭的經濟理論受到自由市場學派影響，認為反壟斷法律已陳舊過時，對於保護競爭適得其反。[7] 許多重要行業，包括航空、鐵路、通信、天然氣和貨運在內，於 20 世紀 70-90 年代已陸續解除管制。監管機構對規則制定的法律解釋及不斷累積的案例，進一步制約監管範圍，並打開放鬆壟斷管制的視窗。[8]

與此同時，美國政府自身可通過推出市場規定賦予企業特權。也許知識產權就是政策製造市場特權的最典型案例，基於這一政策，美國政府製造了暫時從創新中獲利的壟斷特權。創新產生的福利依賴於以下兩點：一是創新者需要足夠的激勵和資源；二是創新應廣泛擴散，以使技術進步惠及全人類。包括專利和版權在內的知識產權，理論上激勵了創新者，使他們能在一定時間內從創新中獲得壟斷收益。然而，正如經濟學家蜜雪兒・博俊（Michele Boldrin）和大衛・萊文（David K. Levine）所說，"實證研究表明，知識產權對促進創新和提高生產率沒有作用"。[9] 佩特拉・莫澤（Petra Moser）所做的研究，通過檢驗經濟史上長期以來知識產權和創新之間的關係，也得出相似結論。[10] 之所以如此，部分原因是對創新者而言，經濟激勵並非唯一重要因素。從發現 DNA 到帶來發明電腦的數學演算法（圖靈機），最重要的是科學進步，而經濟激勵並非最重要。相反，事實上，強大的知識產權會阻礙創新，制約知識外溢，而這些對加速創新至關重要。[11]

儘管知識產權對創新並無太多的正面影響，卻會提高支付給產權所有人的價格（產權所有人往往並非創新者）。這樣的知識產權設計將財富從消費者手中轉移至知識產權人手中，只因為政府賦予他們法律保護，免於市場競爭。人為提升價格會造成部分民眾無法享受創新福利。這尤其困擾醫藥行業，存在設計缺陷的知識產權體系，與同樣存在缺陷的醫療體制，導致大量民眾發病率高企甚至出現非必然的死亡。[12]

創新型經濟需要平衡但有區別的知識產權制度，並結合直接、強大的公共支援，尤其對基礎科學和技術領域的支援。多年以來，我們的系統已失去了這一平衡。例如，貿易協定使仿製藥進入市場越來越困難，進而延長專利有效期。

美國政府政策賦予企業市場特權，還體現在政府購買商品和服務、向私營部門出售如礦權等公共資產的方式。國防領域採購制度，尤其是獨家採購制度（案例之一是伊拉克戰爭開始時，哈里伯頓公司獲得了數十億美元的合同）臭名昭著，為承包商提供了不正當交易的機會。[13] 另一個案例是老年和殘障健康保險中的處方藥計劃，該計劃對門診處方藥支出予以部分補貼，而限制政府運用其強大購買力為老年人及 65 歲以下殘障人士談判獲得更低藥物價格。[14] 這一限制致使老年人要從他們的固定收入中向醫藥公司和醫療保險公司支付更多，還會顯著增加納稅人的負擔。

新技術是市場特權的新源頭

資訊和互聯互通領域的新技術不僅改變了我們的工作和生活方式，也改變了整個供應鏈上人與人之間的權力關係。網路的外部性產生於個體在使用某物或做某事時的收益，部分取決於同樣做此事的其他人的數量。例如，加入一個社交網路平台的價值會隨着同樣選擇該平台人數的增加而提升。這些模式一旦建立，加入其他社交網路的成本會變得高昂，因此先進入的社交網路就能憑藉其市場特權吸引大眾廣泛加入。[15]

　　新經濟中的技術通常將網路外部性與規模收益遞增的經濟特性相結合。這意味着隨着數量的增加，單位產品成本下降，在許多情況下可實現零成本增產。換句話説，谷歌或者 Facebook 向用戶多推送一條廣告，或者蘋果多提供一次 iTunes 下載服務，成本幾乎為零。在這些情況下，競爭是不可行的。市場特權（和壟斷利潤）會非常大。

　　我們也會看到諸如優步（Uber）、空中食宿（Airbnb）、借貸俱樂部（Lending Club）這樣的公司如何進行創新，改變以往勞動、土地和資本市場各自的運行機制。這些在網路上的創新，在不同情況下調動了閒置的經濟資源。這吸引了具有壟斷性質的企業加入新一輪競爭，提高了資源利用效率，使全社會福利有提升的潛力。然而，在某些情況下，這些公司的優勢部分來自稅收和監管套利—— 例如規避監管，而監管對保證健康、安全和工人權利非常重要。在某些情況下，新的壟斷產生。因此這些創新也提出更多問題，包括如何分配收益，以及如何制定規則來確保公平、良好的工作條件及其他社會保障。

　　新技術及我們失衡的知識產權制度不是市場特權唯一來源。關於市場准入和競爭存在的客觀情形及人為製造障礙，已有大量經濟研究。一個快速變化的經濟體，可能會出現資訊不對稱，而這又會導致競爭不充分。實際上，市場又會加劇資訊不對稱。正如我們在下文中將要看到的，金融市場由於缺乏透明度及複雜多變，在這方面尤為突出。

全球化打破了權力平衡

　　正如知識產權必須在創新者的利益，與創新廣泛擴散的需求之間取得平衡，貿易協定也必須平衡經濟聯繫日益緊密的需求與保護社區、工人標準及環境之間的關係。已有的規則未能成功平衡這些力量。全球化能為所有人帶來獲益機會，但也能為大企業提供機會來主導某些領域的國際市場，增加市場特權，或者在勞動法、環境法和稅法上尋找最低共同標準。

我們生活在日益全球化的世界，貿易和金融規則至關重要。問題在於這些規則的制定過程不透明、不民主。行業內企業比起消費者、工人及其他受影響的公民具有更大的話語權。很容易就能看到，這些規則是如何以犧牲工人和環境為代價來提升企業利潤的。

當前規則為國外製造的產品進入美國提供更多便利，保障企業海外投資安全，並為海外投資提供稅收優惠，國外製造的產品免於環境和勞動標準要求，所有這些都打破了平衡，不利於工人。如果工人不接受更低的工資或者更差的工作條件，這些規則使企業轉產國外的威脅更可信。

考慮各方利益後，規則可以解決這一失衡。例如，禁止進口使用童工或獄中勞工生產的產品、禁止使用瀕危森林的木材、禁止產品生產過程中違反其他全球性的社會和環境協議。然而，我們並未選擇採取這類規則。更有甚者，某些情況下，全球化威脅成為有關方面爭相探底的理由。2008 年危機前，應對全球化威脅被當作是解除金融管制的藉口 —— 如果不解除管制，企業將會移至海外。現在我們知道這一讓步令我們損失加倍：解除管制帶來的經濟損失巨大，遠大於短期內創造的為數不多的就業崗位收益。正如我們所看到的，我們悄然發生的觀念變化已經破壞了經濟的長期發展，並且嚴重加劇不平等的情況。

我們可以、也該利用美國作為全球最大經濟體的地位來建立規則,用來協助美國以及全世界的各個方面。

市場特權在公平及效率方面的後果

企業市場特權增長,將使財富從消費者手中轉移至擁有市場特權的企業所有者手中。消費者財富縮水,不會記錄在經濟體的資本存量會計賬中,但是會記錄在企業價值提升中。福布斯世界富豪排行榜中,有許多富豪都是憑藉在金融、資源礦業、房地產及通信領域的壟斷特權上榜。[16]

行使市場特權會扭曲市場,從而減少社會福利。而且,創造不平等及市場租金會對經濟及政治體系有其他扭曲效應。第一,租金會直接削減產量。如果經濟實現最優化配置,不存在市場租金,產量會更高。[17]第二,租金會誘導資源配置到非生產性的尋租活動中,如過度行銷、銷售支出及遊說。租金越豐厚,從事此類活動的激勵就越大。[18]例如,2010 年醫療保健產業花費了 1.024 億美元來遊說反對平價醫療法案,金融和房地產業花費了數十億美元遊說反對《多德—弗蘭克法案》的通過和執行。[19]最近,為獲取或者保有租金,企業從事遊說或其他政治活動的程度,影響到美國的政治體制,也增加了經濟和社會其他領域負面效果的總量。制定原有《謝爾曼反托拉斯法》的初衷,是由於壟斷對政治體制和經濟體制都造成了扭曲。

然而,要想弄清楚這一影響機制,我們需要關注特定市場。最突出的案例之一就是金融部門的發展,下面我們將展開論述。

金融部門的發展

- 金融業已遠離提高資本高效配置的核心功能,轉向掠奪性的尋租行為。除催化 2008 年金融危機之外,這

些行為還減緩經濟增速，增加未來發生危機的風險，
將中低收入人群的財富轉移至頂端最富裕人群，進而
加劇不平等。

- 20 世紀 70 年代開始並持續貫穿至 21 世紀前幾年，管
制廣泛解除，監管有意疏忽，導致美國金融部門無序
增長和怠忽職守。

- 頂端的 1% 人群的收入增加，相當一部分產生於金融
部門所集聚的巨大和不當的利潤及獎金，很大程度上
來源於浪費和剝削。

過去一些時間裏，美國金融體系規則發生變化，金融部門在美
國經濟中發揮的作用更大、更具支配力。金融業的興起扭曲了金融
類及非金融類經濟部門的收益，將收益更多從實體經濟轉移至金融
部門，從工薪家庭轉移至高管。具體來說，以犧牲其他普通民眾的
收入和儲蓄為代價，金融業的利潤和收入日益增長。或明或暗的補
貼進一步加劇了不平等 —— 不僅僅指大規模金融救助（其中規模最
大也是最近期的一次是 2008 年的緊急救助），也指《稅法》和《破產
法》裏隱藏的條款，使得金融部門能以犧牲大眾利益為代價而獲益。

金融在自我監管上的失敗

經濟體增長需要一套運行良好的金融系統。要運營支付系統，
確保資金從儲蓄方流動到投資方，包括中小企業，為投資創造資訊
和機會，金融部門至關重要。對於投資多樣化，管控風險，為發展

提供流動性和其他必要資源，金融部門也非常重要。

然而，金融需要規則監管。2008 年的金融危機再次表明，金融市場不能實現自我監管。與其他多數市場相比，金融市場的部分特性使其更容易失敗。第一，人們在金融領域採取的行為產生的外部影響更大，既包括積極方面，也包括消極方面。金融的不穩定性，會給經濟造成巨大損失。[20] 據達拉斯聯儲銀行經濟學家估計，2008 年金融危機的成本約為一年 GDP 總量的 40%-90%，相當於 16 萬億美元。[21] 從美國及世界範圍內解除金融管制開始，金融危機發生的頻率日益加快，嚴重程度日益增強。[22]

第二，金融市場充滿資訊不對稱，即一方獲取的資訊多於其他主體。當然，存在這樣的資訊不對稱在所難免，但不對稱的程度及利用資訊不對稱剝削其他人的情況，是可以減少的。

第三，金融市場缺乏競爭。特別是，自 20 世紀 70 年代開始，大銀行的集中度、經營規模及業務範圍呈現大幅快速增長，最大的五家銀行所掌握的行業資產份額從 17% 增至 52%。[23] 20 世紀 70 年代後期開始，金融部門不斷遊說，承諾金融業可以實現自我監管，政策制定者開始大規模解除對金融業的監管。[24] 許多已有的金融規則設立於金融崩潰觸發經濟大蕭條之時，這些規則發生改變，取消了商業銀行和投資銀行之間的界限，取消了對存款利率規定的上限，放開了高利貸—貸款利率極高。這些改變並未隨着新工具如金融衍生品的出現而更新，而是在金融市場發展出抵押擔保債券時，放任其書寫自己的規則。被任命的聯邦監管者不相信監管，規則的執行變成問題。國家層面的規則被推翻，餘下的有限的規則也執行不力。[25]

金融和不平等的增長

這些規則所觸發的變化是造成不平等的主要原因之一。首先，與經濟體中的其他部門相比，金融部門變得規模龐大、利潤豐厚。危機前金融服務業在 GDP 中的比重為 7.6%，2012 年小幅下滑至 6.6%，到 2014 年又回彈到 7.3%。做個對比，20 世紀 50 年代，美國經濟處於快速發展階段，增速遠高於近幾年，金融服務業在 GDP 中的比重為 2.8%。20 世紀 50-80 年代間，金融部門創造了企業利潤總額的 10%-20%；80 年代末，金融部門的利潤增至企業利潤總額的 26%，此後整個 90 年代進入擴張期，平均值一直維持在此水平，而到 2001 年，更是達到峰值 46%。2000 年後直至危機之前，平均值高達 32%。[26]

這體現在金融部門工資收入暴漲，成為頂端 1% 高收入人群的主要驅動力。金融部門工資增幅明顯高於同類其他部門，增勢緊緊追隨管制解除的趨勢。[27] 1979-2005 年間，金融從業者在頂端的 1% 人群中的佔比增長了 80%（從 7.7% 增至 13.9%）。[28] 同時，在最富裕的 0.1% 人群中的佔比，從 1979 年的 11% 提升至 2005 年的 18%，為最富裕的 0.1% 人群貢獻了 70% 的收入增長。[29] 同期，沒有其他任何一個部門出現這樣大幅增長。圖 2-1 展示了經濟學家湯瑪斯·菲利蓬（Thomas Philippon）和阿里爾·雷謝夫（Ariell Reshef）所做的研究，描繪了美國金融從業人員與非金融專業（非農）人員的薪酬對比。金融部門薪酬走勢呈現 "U" 形，與社會不平等程度的趨勢類似，大蕭條後一直呈下降趨勢，直至 20 世紀 80 年代開始上升；從統計資料上看，薪酬隨着管制解除而上升。[30] 20 世紀 80 年代，金融部門的薪酬水平基本與其他經濟部門一致，而到 2006 年，金融部門的平均薪酬已經高出非金融部門 72%。如此高薪僅用技術無法解釋；研究證明，壟斷利潤的租金佔到高薪的 30%-50%，尤其是 20世紀 90 年代後期以後。[31]

1980 年後金融之補償與其他行業拉開了距離

圖 2-1　1909-2006 年美國金融從業人員與非金融專業人員的薪酬比率

資料來源：Thomas Philippon and Ariell Resbef. 2012. "Wages and Human Capital in the U.S. Financial Industry 1909-2006." *Quarterly Journal of Economics*.

金融業規則乏力導致經濟疲軟

過去 35 年間的管制解除，對美國普通民眾及美國整體經濟都造成深遠影響。銀行經營所涉及的領域，從運營支付系統到管理投資行為，普遍存在的尋租費用使金融業得以膨脹，而一類高風險的銀行和借款業務最終導致經濟崩潰。

金融市場內的規則旨在減少歧視和剝削，然而管制解除後，我們已有大量證據證明金融市場存在系統掠奪性貸款、欺詐及歧視，目的是剝削低收入借款人。[32] 缺乏金融素養的借款人獲得的抵押貸款成本可能更高，也不容易理解或者記住抵押貸款合同裏的條款。[33]

另外，金融部門不透明、複雜深奧，加上所餘規則執行不力，助長普遍欺詐和市場操控行為。近期市場操控的一個標的是 Libor 利率（倫敦銀行同業拆借利率，是衡量商業銀行借款成本的客觀指標）。這一利率決定了數百萬名房主支付抵押貸款的利息，影響到價值超過 300 萬億美元證券的定價。[34] 金融系統內多個領域競爭缺乏，包括借記卡和貸記卡系統，資產管理及衍生品市場，[35] 意味着銀行可享受高利潤，而消費者和普通市民則需承擔高成本。

實際上，金融部門利潤增長的一個重要來源是資產管理，既包括管理 401（K）退休計劃養老金和共同基金，也包括諸如私募股權和風險基金等可替代投資工具（傳統股票、債券及共同基金外的投資）。受益於不透明的費用結構，這一點在可替代投資工具上尤為突出，資產管理收入的增長約貢獻了金融部門在 GDP 中所佔比重增幅的 35%。[36] 然而，儘管費用高昂，但鮮有證據表明高額管理費用可帶來長期高收益。[37] 金融利潤還來源於該部門擁有營運經濟支付系統的特權：自助提款機和在正常儲蓄和活期存款上徵收的雜費。

金融領域內另一個增長的核心業務是影子銀行業，即將傳統商業銀行功能轉移到金融市場。影子銀行業與傳統銀行業有諸多共同之處——將儲蓄方與借款方聯繫起來。然而，長鏈條的信用貸款複雜且不透明，為欺詐及其他不當行為製造籌碼、增添金融風險源及脆弱性。抵押貸款尤其如此，鏈條內包含發起人、投資銀行、評級機構及抵押貸款擔保人。欺詐到了肆無忌憚的程度，不止發生在一起案例中。影子銀行業運轉起來會十分脆弱，這應該顯而易見——當抵押品價值受到懷疑，所有人會同時將錢取出——正如 2008 年雷曼兄弟破產引發恐慌，蔓延整個經濟體。[38]

影子銀行

可提供金融服務但不受傳統銀行法律和規定約束的機構，這些法律規定是為確保對傳統銀行實施監管和責任追究而制定的。

一旦這一系統遭到破壞，因其結構複雜導致利益衝突多樣化。實際上，許多債務服務機構（負責收取月供的機構，也負責處理壞賬）通過使抵押貸款品質惡化，從貸款人和房主那獲得雙份收益。研究表明，如果不良貸款通過影子銀行而非傳統銀行產生，品質提升不太可能，貧困房主很難繼續保有房屋。[39]

金融系統健康發展對經濟增長至關重要。但如果金融市場過於龐大該怎麼辦？如果金融部門收入增長帶來經濟更快或者更健康增長，就要另當別論。事實恰恰相反。圖 2-2 仍是經濟學家湯瑪斯・菲利蓬（Thomas Philippon）的研究，將儲蓄方與借款聯繫起來，他估算了 1884-2011 年間，美國金融部門每融資 1 美元的成本。不可思議的是，資料表明現在美國金融部門為經濟提供信用的效率降低。2011 年，每融資 1 美元的平均成本為 2.4 美分，而二戰結束時，這一成本為 1.6 美分，[40] 儘管考慮到技術進步，交易成本也應顯著降低。

值得注意的是，儘管金融部門的收入、利潤及規模都呈現增長，我們卻並未看到實體經濟有變好的跡象。金融部門也許展現出創新，但該部門的技術進步卻是在追求更強的能力來剝削他人，而非提升經濟水平。許多人擔心由於金融部門過於龐大，高管薪酬過高，不斷從生產率更高的企業裏吸走人才和能量。[41]

圖 2-2　1884-2011 年美國金融部門每融資 1 美元的成本

資料來源：Thomas Philippon. 2014. "Has the US Finance Industry Become Less Efficient?" *American Economic Review.*

　　2010 年國會通過的《多德—弗蘭克法案》開始了重構金融部門的進程。然而即使得以通過，該法案也只是種妥協，還未採取足夠措施推動規則制定及執行，以解決影子銀行、金融系統複雜性及銀行因太大而不能破產的問題。但是這次改革最顯著的特點是阻止金融部門破壞經濟其他部門、利用人們的無知及從事不計後果的冒險行為。改革並非針對確保金融部門應切實履行應盡職責：讓資本使用更高效。[42] 資本高效使用依然是項重要任務，要追究這一點還應了解當前公司治理上所發生的巨大變化。

"股東革命"，CEO 薪酬上漲，員工受到壓榨

• 公司是一種提供有限責任的社會結構，常常不能為大

眾利益服務，相反，受大眾委託的代理人卻通過公司致富，忽視公司長期利益。公司更不可能為工人及所在的社區服務。

- 股東革命改變了 CEO 的激勵機制，通過將管理層薪酬與股價綁定，刺激管理層不斷抬高公司短期股價。

- 以股價短期走勢為導向，不僅減少對鼓勵創新和公司長期發展的投資，也導致管理層視僱員為短期負債而非長期資產。特別是在金融部門，薪酬機制不僅帶來短視行為，也導致過度風險偏好。與此同時，管理層薪酬飆升，如此高薪已無法用生產率來解釋；薪酬增長以犧牲工人、投資及股東的利益為代價，加劇了國家日益增長的不平等現象。

- CEO 平均任期也變短，進一步加大管理層短期利益和股東長期利益之間的差距。

- 稅收、養老金、公司治理及證券法等進行了諸多調整，也鼓勵公司採取這些破壞性的短期行為。

公司存在只為追求當前股東價值最大化，所有其他目標都退到次要位置，這一理念推翻了幾十年來以公司長遠發展為優先考量，和認為公司能在更廣泛意義上增加社會利益的管理學理論。這意味着提升短期利潤的策略將優先於有遠見的戰略，例如提升公司長期價值的投資，包括創新、服務客戶及投資僱員。"股東革命"給經濟帶來顯著變化。追求股東價值最大化，是導致華爾街和公司董事會短期主義行為的關鍵一步，對公司表現和經濟生產力造成重大影響。

即使是約翰・梅納德・凱恩斯，早在 80 年前就擔心短期投機行為對經濟不利，可能也會對現在短期主義盛行的程度表示震驚。
1940 年股票平均持有期為 7 年，1987 年為 2 年，而到 2007 年，股票的平均交易頻率為 7 個月。[43] 由於普通股東只對短期表現感興趣，股東價值最大化就演變為短期主義：追求季度收益，甚至追求優化季度收益的會計伎倆。金融的目標應該是將資本配置到生產力高的經濟部門，而股東革命卻將公司轉型為金融家們的資本來源。傾向短期主義的趨勢表現在管理層薪酬上漲，股東分紅增加，公司頻繁重組，大規模並購及資本投資減少。這些趨勢加劇了經濟不平等，並對經濟的長期發展造成威脅。

規則調整帶來唯股東至上

唯股東至上的理念興起，是受金融市場實踐及保守經濟學家理論的支持和煽動。然而，最重要的原因還是市場規則的調整 —— 特別是《證券法》及《聯邦所得稅稅法》的調整 —— 兩者共同賦予機構投資者更大的權力，並將管理層薪酬與公司短期收益綁定。[44] 這場革命的第一波風潮以槓桿收購為代表：投資者旨在收購大公司，"解鎖"隱藏價值 (通常通過機構精簡實現)，並快速出售。運用此方式實施槓桿收購的能力源於美國法規及法律解釋的改變 —— 包括槓桿收購基金免於《投資公司法案》約束。1982 年"愛德格對邁特" (Edgar v. MITE) 一案中，最高法院否決《伊利諾州反收購立法》有效，進而推翻其他各州類似法律。[45] 這使兼併收購更容易 —— 包括希望通過收購公司獲得現金的情況，以及通過"重組公司"犧牲他人利益而讓收購方獲益的情況。列根政府還放鬆了反壟斷管制，方便公司收購競爭對手以減少市場競爭。[46]

　　這些及其他法規的調整一時間引發了大規模的兼併收購。20 世紀 80 年代，美國一半的公司成為兼併收購對象。此後多年，股市 10% 以上的資本化由併購完成。[47] 20 世紀 80 年代後，機構投資者開始在公司中佔有更多股份。如果所有這些能讓公司運轉更有效，更具創新性，那將另當別論。然而事實是，"激進"的新投資者積極爭取董事會席位，迫使管理層採取更加"傾向股東"的政治策略——更有利於短期投資者——包括增加分紅和並購。新一代 CEO 日益將其管理目標與投資者短期利益保持一致。

　　這些變化也受到規則調整支援。20 世紀 80 年代，美國證券交易委員會弱化了對內部交易的規定，在此之前公司回購股票本身即被視為內部交易。20 世紀 90 年代早期，美國證券交易委員會取消了股東通訊複雜的披露要求。[48] 1993 年，國會改革稅法，據稱鼓勵公司將管理層收入與公司表現綁定，薪酬形式向股票認購權傾斜；然而事實上，公司長期發展與以股票認購權為發放形式的薪酬幾乎沒有關係——確實，管理層的表現與股票表現幾乎無關。

　　其他的規則調整也在發揮作用，促使資本市場上證券持有期縮短——例如，20 世紀 70 年代證券交易固定佣金制度取消，降低了證券買賣成本。

規則調整導致管理層收入飆升

　　這些變化並未讓經濟表現更好，卻實現了推動這場"變革"的許多高管所希望的效果：位於頂端的人群收入劇增。非金融類公司高管構成了最富有 1% 人群的 30% 以上，他們的收入自 20 世紀 70 年代以來顯著增長。[49] 自 20 世紀 30 年代中期到 20 世紀 70 年代中期，

CEO 平均收入相對穩定，剔除價格因素後保持在 100 萬美元左右。而到 2012 年，收入最高的 500 名 CEO，平均收入已達 3,030 萬美元，其中工資和獎金只佔收入的 6.3%。[50] 其他主要收入來源是發放給高管的股票及股票認購權，這是用於替代工資的部分。反過來，這一部分的價值由股票價格決定。CEO 收入增速遠高於工人收入增速。1965 年，CEO 的平均年收入與工人相比為 20:1。到 2013 年，這一數值為 295:1。[51]

CEO 收入結構導致投資減弱

正因為所有這些巨變，股東革命造成的廣泛影響出乎意料。首先，股東價值最大化經常演變為 CEO 收入最大化。實際上，高管利益優先於股東利益及其他利益相關方。股票認購權並未使管理層利益與公司利益保持一致，正如有關管理層薪酬披露的問題，包括股票認購權在內，於 20 世紀 90 年代凸顯。[52] 事實是，這樣的薪酬結構激勵 CEO 操控股價，動用公司現金回購股票以提升股價。[53] 受此誘導，管理層利用"創造性會計"提升短期利潤，儘管這樣做會降低長期收益。因此，管理層注意力從公司實際表現移開。這破壞了經濟效率。[54]

針對 CEO 薪酬研究發現，收入與公司表現幾乎無關。公司表現向好，薪酬會上漲，而公司表現變差，薪酬仍會上漲。CEO 薪酬通常只跟運氣相關，例如全球油價上漲時油企管理層收入會增加。公司管理越鬆散，這一作用越強。[55] 經濟學現有理論試圖為 CEO 的高薪辯解，例如將 CEO 薪酬與公司規模擴大聯繫起來，卻仍無法解釋 20 世紀 40-70 年代間 CEO 的薪酬變化趨勢。20 世紀 80 年代左右，CEO 的薪酬改變了。[56] 最終，提升股東短期價值不同於服務股東長期利益。實證研究表明股價很難反映 5 年以後的資訊。[57] 因此，基於當前股票價格的激勵機制，很難鼓勵管理層關注公司長期發展。

除 CEO 行為可疑外，股東革命產生的第二個令人擔心的結果是對實際投資存有偏見。研究發現，短期壓力會扭曲管理層做出的個體投資決策。新的專有資料表明，上市公司與相似的私營公司相比，投資顯著較少，對投資機遇變化更不敏感。如果公司股價對盈利類新聞非常敏感，這一結果更會被放大。這說明薪酬激勵機制傾向於削弱投資，而非鼓勵 CEO 多投資。[58]

研究表明借貸與投資間關係發生巨大轉變，正如圖 2-3 所示。20 世紀 80 年代之前，公司每借貸 1 美元，投資平均增加 40 美分。20 世紀 80 年代以來，這一關係崩潰。相反，現在是股東分紅與借貸間強相關，股東分紅自 20 世紀 80 年代以來幾乎翻倍。公司利潤創歷史新高，但投資卻沒有增加。以前金融的作用是為公司注入資本，現在扮演的角色卻是從公司抽出資本。[59]

圖 2-3

資料來源：Mason, J. W. 2015. "Disgorge the Cash: The Disconnect Between Corporate Borrowing and Investment." The Roosevelt Institute.

　　這個問題不會消失。即便金融危機後，公司雖難以獲得貸款，卻仍繼續回購本公司股票，並支付高額股息。[60] 2014 年，美國非金融公司管理層以股票回購及分紅的形式向股東發放了公司稅前利潤的 70%；2008 年 9 月，金融危機爆發的前四個季度，公司在股票回購及分紅上的平均支出是利潤的 107%。二戰後直至股東革命前，非金融公司向股東支付的平均金額為利潤的 18%。[61] 正如全球最大資產管理公司黑石集團的 CEO 勞倫斯・芬克（Laurence D. Fink）在近期所寫，"短期主義現象的影響令人苦惱，不利於謀劃長期目標，例如退休及更大範圍的經濟發展"，因為短期主義以犧牲"創新、技術工人或重要資本支出為代價，而這些對於保持長期增長至關重要"。[62]

為富人減稅

- 美國稅法累進稅的降低促使頂端人群收入增長，並加劇財富不平等現象。
- 當前的激勵機制允許和鼓勵尋租行為，引導政府收入偏離生產性資源。
- 沒有證據表明對富人實施低稅率會鼓勵投資或經濟增長。

　　過去 35 年裏稅收和轉移支付體系發生的大量變化已大幅降低累進稅，在某些方面，現在整個體系是退化的。資本所得稅及企業稅率的萎縮，工資稅的增長及稅式支出的增加降低了有效累進稅率，並縮減了稅基。[63] 這就使稅收和轉移支付在制約日益增長的不平等問題上能力弱化。[64] 另外，這些變化提高了尋租行為的收益，加劇了稅法內含的不平等，進而扭曲了激勵機制。[65] 更糟糕的是，沒有證據表明降低稅率能帶來經濟增長加速。

富裕人群的稅收變革

過去 40 年裏，稅收政策規則經歷了一場變革，旨在大幅降低高收入人群邊際稅率及降低稅法累進稅。結果是處於頂端的富裕人群稅負降低，而其他人或稅負增加或享受到的公共服務水平下降。例如，20 世紀 80 年代，最高邊際稅率從 70% 下降到 28%，此後一直低於 40%。[66]

除較低的邊際稅率外，有關資本所得稅的兩條規定也削減了有效稅率。第一，資本所得只在其實現時才徵稅，這意味着一筆 20 年的投資（比如購買並持有股票）在持有人賣掉股票前無須承擔納稅義務。第二，重新調整所繼承資產價值的原則，即被繼承人去世後資產底價提升，對許多超富裕家庭來說資本所得在很大程度上已被抵消，而且是永久有效抵消。資產底價提升允許繼承人自繼承資產開始支付產生的資本所得稅；對那些世代相傳的資產，被繼承人生前取得的所得無須繳稅。據估計，這將使聯邦在 2013-2023 年間減少 6,440 億美元的收入。[67] 這條規定的全部收益幾乎都被最富裕人群獲得：2013 年，最富裕的 20% 人群佔到繼承資本所得稅放棄總額的 65%；而僅最富裕的 1% 人群就佔到 21%。繼承稅起徵門檻的調整意味着美國富裕到能夠繳納遺產稅的人少得令人驚訝（2011 年，僅有 0.1% 的繼承人繳納了遺產稅），然而取消遺產稅的呼聲卻還很高，壓力非常大。[68]

除資本所得外，稅式支出（政府通過減稅變相支出鼓勵一些特定行為）和財政轉移支付從照顧低收入家庭轉向利於富人，降低了總體的累進稅率。稅式支出範圍擴大至 401（K）養老金及抵押貸款利息扣除等，由於越來越多的富人利用形式多樣的稅收優惠政策，其所繳納的有效稅率得以降低。[69] 據國會預算局分析，2013 年，高達 9,000 億美元的個人所得稅稅式支出的一半以上，以及稅收減免額的 80%，由最富裕的 20% 家庭享受，其中最富裕的 1% 家庭獲得減稅總額的 17%，而佔到 1/5 的中等收入家庭只獲得了 13%，收入最少的 20% 只獲得 8%。[70] 與此同時，政府直接或以實物形式對個人的轉移支付也減少。[71] 根據國會預算局的統計，"1979 年，收入最少的 20% 家庭獲得轉移支付的 50%。2007 年，相似收入段的家庭卻只獲得轉移支付的 35%"。[72]

減稅不均衡，加劇不平等

高收入稅收減少對不平等有兩方面影響。一是降低了稅收和轉移支付減緩不平等現象的能力。而第二個更令人吃驚的影響是大幅提升了頂端富裕人群的稅前收入，遠超出人們所能理解的工作努力提升的程度。這正是構成尋租行為的新激勵，成為稅收規則調整所引發的更令人擔憂的影響。

減稅、收入分佈變化及日益增加的稅式支出共同作用，加劇了稅收及支付計入後收入的不平等，不管是名義上還是相對於稅收及支付計入前收入。2011 年國會預算局研究發現，"轉移支付和稅收對家庭收入的調節作用在 2007 年小於 1979 年"。這一時期，美國稅收結構的調整降低了"稅收減緩家庭收入分佈的影響"。[73]

資本所得收入不成比例地由最富裕的美國人獲得；因此資本所得稅下降，直接影響到不平等。[74] 年收入超過 100 萬美元的美國人，資本收入佔到一年總收入的 40%，而年收入低於 20 萬美元的美國人，這一比例為不足 4%。[75] 這對收入分佈的影響顯而易見：1996-2006 年間，資本所得及股息收入的變化是加劇整體稅收及支付計入後收入不平等的最大力量。[76]

由於資本所得收入集中在頂端富裕人群，而資本所得稅減少未能對整體經濟產生涓滴式效應，因此資本所得稅率下降的收益就集中在頂端富裕人群。根據國會預算局的研究，每年 1,610 億美元的資本所得稅稅式支出中，68% 由最富裕的 1% 人群獲得，而處於收入底端佔到 4/5 的美國民眾只獲得了 7%。[77] 富人收入分佈中越往高走，收益就越集中。2009 年，納稅最多的 400 人，即最富裕的 0.003% 人群 —— 獲得了資本所得稅率下降全部收益的 12%。[78]

更有意思的是對最高收入人群下調稅率所產生的影響。如圖 2-4 所示，經濟學家湯瑪斯・皮凱蒂（Thomas Piketty）、伊曼紐爾・薩茲（Emmanuel Saez）及斯蒂芬妮・斯坦車娃（Stefanie Stantcheva）發現，對最高收入邊際稅率削減最多的國家，稅後收入不平等加劇的程度就越嚴重，這類減稅對提高人均收入毫無益處。不平等加劇無法用標準的供給學派經濟理論模型解釋，尤其作者已證明高收入人群稅率與經濟增長之間並無關係。[79]

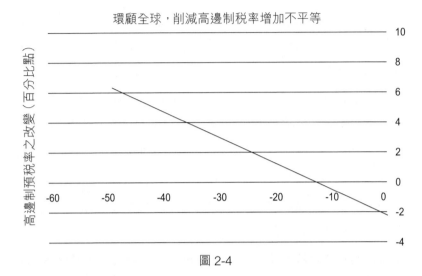

圖 2-4

資料來源：Thomas Piketty, Emmanuel Saez and Stefanie Stantcheva. 2014. "Optimal Taxation of Top Labor Incomes: A Tale of Three Elasticities." *American Economic Journal: Economic Policy*, 6(1):230-71.

　　作者們還發現稅收規則鼓勵高收入人群從事更多的尋租行為，他們試圖為自己爭取更大的經濟蛋糕，而非做大經濟蛋糕的規模。[80] 邊際稅率較高時，處在最富裕的 1% 內的 CEO 及其他高管們拚命為自己討價還價或者尋找機會獲取租金的動力不足。同樣，公司的其他利益相關方，包括股東及董事會成員，也不會願意向其支付巨額薪酬，如果這些薪酬中很大一部分要被政府以稅收形式拿走。美國稅前勞動人口收入不平等的程度超出其他發達經濟體也反映了這一點。[81]

低稅率對經濟發展毫無益處

　　按照降低高收入稅率支持者的觀點，減稅本應鼓勵高收入人群更努力地工作，做大經濟的規模。然而事實並非如此。

美國國會研究部一份報告發現，"沒有確鑿證據……證實 65 年以來法定高收入稅率的下降與經濟增長有明確關係"。然而，降低高收入稅率確實"似乎與收入分佈頂端收入集中程度日益增長有關。"[82] 這與圖 1-4 的結果十分吻合。如果高邊際稅率對尋租行為形成震懾，強而有力的累進稅就能阻止社會範圍內的非生產性活動，引導更多資源配置到實際投資中，進而幫助提升經濟整體表現。[83]

經濟雖未能從高收入稅率下降中受益，但有證據表明累進稅確能產生經濟淨收益。國際貨幣基金組織經濟學家喬納森・奧斯特里（Jonathan Ostry）及共同作者在解釋通常被視為與經濟增長相關的一系列其他因素時，測算了稅收及轉移支付的累進程度如何影響長期經濟增長。[84] 結果發現，各國的再分配措施，除了某些極端情況，與經濟增長無關。如果非說有關係，許多再分配政策能減少不平等，驅動經濟更可持續增長。

同樣地，2003 年下調股息紅利稅的事件表明，供給側減稅未能帶來工資上漲或投資增加。事實上，我們有理由懷疑企業會利用降低稅率的機會支付大額股息，進而削弱公司投資能力。[85] 並不奇怪的是，對比在稅率下調中受益的企業與未受益的企業，我們發現下調股息紅利稅並未帶來任何實際投資或工資增長。唯一的影響是增發了股息，導致更多資本離開企業而非用於投資。[86]

近期研究發現取消資本收入稅收優惠能提升社會福利。[87] 較低的資本所得稅率為收入轉移創造巨大激勵，借此企業和個人重新定義勞動收入為資本收入，從而降低有效稅率。這導致公司收入下降，富裕的納稅人因掌握更多避稅知識和資源而過度受益，稅收結構的累進程度顯著降低。[88]

當然，稅率多少應由勞動力供給及儲蓄對稅率的敏感程度決定。

然而，基於最有效的實證經驗，在現有水平上提升稅率似乎有很大空間。[89]

以充分就業為目標的貨幣政策的終結

- 美聯儲的政府重心在控制通脹，而非為實現充分就業及管控系統性金融風險，這導致過去35年中失業增加，工資減少。
- 美聯儲未能保護銀行和金融市場的競爭，意味着低利率帶來的收益經常更多地由銀行而非借款人享有，並且部分市場很難獲得信貸。
- 中、低收入家庭在長期經濟衰退、金融危機及經濟不景氣中承擔了不合比例的負擔。失業對收入分佈中下半部分低收入人群的影響，要大於對上半部分高收入人群的影響，並且這種複雜的影響將伴隨人的一生。

美聯儲出台的貨幣政策，通常超出傳統的政策討論範疇，尤其是那些聚焦不平等的討論。然而，"獨立"於國家的央行所出台的貨幣政策，會對收入分配產生深遠影響，一方面會顯著增加高收入人群的收入和財富，另一方面會造成大多數工薪家庭財務壓力增大及工資停滯。

美聯儲專注通脹

1978年，《充分就業與平衡增長法》，即《韓弗理—霍金斯法案》，確立了國家經濟政策的雙重目標為實現物價穩定和充分就業。這兩個目標也是美聯儲"雙重任務"的組成部分，國會授權美聯儲據此出台貨幣政策。[90]

那時，美國面臨高通脹。在美聯儲主席保羅·沃爾克的帶領下，通脹從 1979 年的兩位數降至 1984 年的 4%，通過貨幣政策控制通脹的能力受到廣泛讚譽。[91] 但可以確定的是，代價巨大：美國經歷了自大蕭條以來最嚴重的衰退，儘管已採取了大力度的刺激性減稅政策。[92] 然而，自 1990 年新西蘭開始，很多國家將穩定物價，即所謂的"盯住通脹"，作為貨幣政策唯一或首要目標。[93] 美聯儲雖並未正式採納這一制度，仍堅持雙重任務，但與充分就業相比，明顯偏好將維持較低且穩定的物價作為其主要目標。[94] 因此，儘管美聯儲對於穩定物價和保證就業兩個問題的權衡上保持謹慎，實際操作中明顯傾向於追求低通脹，至少時至今日亦是如此。

某些過於簡單的經濟模型在各央行中非常流行，更強化了上述觀點。這些理論聲稱，貨幣政策只能在一定程度上減少失業；如果失業率降至自然水平以下，通脹將加速，最終政府將不得不大幅提升利率，這將導致更高的失業率。[95] 這些理論在很大程度上是令人懷疑的。相反，滯後效應認為失業會產生嚴重的長期影響，因為失業人群可能會退出勞動力市場，後期想找到工作會更加困難。[96] 通縮壓力會抬高債務的真實價值，進而製造低需求的自我實現預言。[97] 低通脹，不單止不值得珍惜，且更會限制央行應對危機的選擇。

央行無法忽視通脹，但也不能將其作為主要考量，至少可將目標設為物價維持在溫和區間內。正如大衰退所表明的，盯住通脹並不能保證經濟高速增長或經濟穩定。選擇通脹或充分就業並不是技術層面的問題，而是是否會優先選擇一整套經濟結果和利益群體的問題。在經濟周期復甦的早期，由於擔心通脹將來臨，貨幣政策制定者會過早收緊貨幣，阻礙充分就業的實現，導致工人們不能彌補在經濟衰退期所遭受的損失。近期的三次經濟衰退，在復甦時勞動力市場都因過於疲軟而不能讓工人們分享經濟增長的紅利，部分原因是政策制定方過於擔心通脹，而他們相信通脹才會帶來相對低水平的失業。[98]

忽視充分就業任務的後果

儘管經濟學家仍在爭論通脹對不平等的作用，但就業的影響卻是顯而易見的。實現長期充分就業對於經濟良好運轉和中低收入家庭的溫飽至關重要，而長期維持高失業率會帶來諸多嚴重後果，同時會對整個經濟產生深遠影響。

據估計，失業率每增加 1 個百分點，位於收入分佈第 20 個百分位數的家庭收入會下降 2.2 個百分點，處於中值的家庭收入會下降 1.4 個百分點，而位於第 95 個百分位數的家庭收入僅下降 0.7 個百分點；他們受失業風險影響的程度不同，這是不平等日益加劇的產物。[99] 而且，低技能和弱勢工人的失業率受貨幣政策緊縮影響最強烈。[100] 與工作時間相對穩定的高收入工人相比，失業率上升時，低收入工人的工作時間被削減得更多。[101]

充分就業對經濟繁榮分佈均衡至關重要。當經濟實現充分就業及勞動力市場供不應求時，工人們討價還價的能力增強，因為僱主會被迫提高薪酬來吸引和保留住工人。因此，正如經驗所示，我們所觀察到的經濟增長紅利能被廣泛分享的幾次只發生在經濟接近充分就業之時。當勞動力市場疲軟時，尤其在私有部門集體談判能力削弱的時代，工人們討價還價的能力很低，進而導致中低收入家庭工資停滯不前。經濟學家艾倫·布林德（Alan Blinder）發現，失業率超過 6% 時，不平等將加劇。[102]

而且，充分就業不足會對生產率、公平性和機遇創造產生長期破壞。新入職的工人，如應屆畢業生，在衰退期進入勞動力市場，十年後收入前景依然不樂觀。[103] 衰退期的薪酬縮水，未必能被擴張期的薪酬增長彌補。工人失業後發現以後要再找到工作的難度會更大，因此甚至可能退出勞動力市場。經濟不景氣的時候，低收入家庭在教育和人力資本上可能會投資不足。

美聯儲過於專注通脹，會分散其維持經濟穩定的決心。最近的經濟危機及大衰退就展示了金融危機和經濟不景氣大背景下，中產階級家庭承受了過重的負擔。

即使現在，許多人仍認為控制通脹比充分就業更值得關注。好消息是人們逐漸認識到失業率並非是勞動力市場疲軟的唯一指標。過去五年裏，比起失業率所表現出來的情形，勞動力市場要更加疲軟，因為受挫的求職者已退出勞動力大軍，並且儘管許多人更願意全職工作，卻不得不從事兼職。找到失業率的替代指標，有助於解釋日益加劇的不平等及工資停滯現象。[104]

經濟政策的貨幣性一直以來被認為與普通美國人無關，而只是一個技術層面的爭論，實際上其對不平等有重大而深遠的影響。歷史上，我們已經意識到了這一點。1896 年的選舉圍繞着貨幣政策展開辯論——是否應該走向複合本位制（金銀）。當時辯論主要圍繞着通脹與增長、圍繞着不平等展開——即中低收入美國人和大量農民，與金融部門的矛盾。不知何故，自此之後的 120 年裏，我們幾乎沒有取得任何進展。[105] 貨幣政策傾向於犧牲低失業率來換取低物價，這不利於那些為生計而奔波的工薪階層，而有利於那些收入倚重資本收益的人群。

工人的呼聲令人窒息

- 長期的政治打壓，可追溯至 20 世紀 70 年代，削弱了工會和工人的權利，同時勞工政策並未跟上現代工作職場變化的步伐。
- 談判能力的下降使得企業在勞動力市場佔據上風，管理者和所有者獲得更大的收益。與此同時，工人卻面臨工資下降、工作條件惡化的局面。
- 工會是工人與企業利益集團的抗衡力量；工會力量弱小會打破國家政治力量平衡，同時也會打破經濟力量平衡，導致企業利益集團肆意妄為。

在美國，長達幾十年的運動不斷為工會化設置障礙、限制工會活動、全面削弱勞動法，導致工人的組織能力大幅降低。[106] 不僅僅是製造業從工會化程度更高的北部先遷至美國南部，然後遷至海外，導致了去工會化。組織工作在非製造業中也遭受阻礙，這也同樣發生在復興的製造業基地中。[107] 結果是，美國工會參與度從 1960 年的超過 30%，降至 1984 年的 20%，及 2014 年的 11.1%。[108]

勞動生產率和時薪脫鈎，清晰地標誌着癥結所在。1973-2013 年的 40 年間，生產率增長了 161%，而報酬僅增長了 19%。[109] 工會力量瓦解、數量減少及效率降低弱化了其抗衡不平等的作用，導致一個新的系統出現，該系統裏企業利益與工人呼聲脫節，迫使工人接受工資增長緩慢及生活條件惡化的現狀。

公司影響力增加，犧牲工人權利

集體談判能力的整體下滑並非不可避免。儘管技術和全球化方面也面臨相似的變革，但其他發達國家工會的弱化程度遠遠低於美國。例如加拿大，工會化率水平較 20 世紀 60 年代並沒有太大變化。[110] 經濟與合作發展合組織全部成員國，平均有 54% 的工人受勞資談判合同保護，這一資料超過美國的 4.5 倍。[111]

儘管美國製造業下滑帶來了集體談判能力的下降，一系列立法、司法及法規政策共同促使美國形成了不利於工人聯合的環境。例如，《國家勞動權利法案》的缺陷使得工人們很難向僱主施加足夠壓力（通過遊行或罷工）以達成和解。此外，該法案對工人的保護力度很弱。例如，儘管工人不能因參與合法罷工而被開除，卻能被無限期替代，並且只有在僱主授意下才能被重新安置——以此來震懾工人，相當於對罷工行為的直接報復。[112] 這些缺陷歸咎於有預謀的政治運動，運動旨在削弱工人權利。

企業政治影響力日益增長，加劇了工會的政治困境。在一系列立法和司法挫敗後，20 世紀 60 年代後期到 80 年代初期之間，企業加大遊說力度。企業政治行動委員會的數量翻了兩番，同時企業在冊的說客數量從 175 上升至 2,445。[113] 這一變化對勞工利益的影響集中體現在 1977 年《美國勞動改革法》未能通過，該法案旨在解決《國家勞動權利法案》的缺陷，現在工會仍受這些缺陷折磨。

20 世紀 80 年代以來，工會會員數量急劇下滑，勞動法所能提供的有限保護又執行不力，進一步放大了工會的缺點。2009 年的一項研究表明，在 1,000 個私人部門工會出具的證明中，大約一半有違規行為。脅迫策略，包括威脅削減工資、關閉工廠、解僱員工等，極大地削弱了工人組織的能力和權利，甚至破壞了美國保護工人的表象。[114]

面對這些恐嚇行為，即使考慮到製造業下滑這一因素，新工會也不可能獲得公平競爭環境。同樣面臨製造業下滑的其他國家，工會化的下降程度與美國也不可比。美國的有些事情是不同的，那就是它的法律法規架構。

當前，歸功於外包和特許經營，傳統的工資就業關係變少。許多工人名義上是為分包商工作，但實際上他們與承包公司的關係更像工資就業關係，因為是承包公司來決定工人的工作條款和條件。這種法律上的計謀有利於規避勞動法規和稅收，但應看清這些行為的本質：利用法律漏洞來推脫支付加班費及最低工資的責任。然而，立法者未能修正《國家勞動權利法案》(NLRA) 來適應這些新的僱主—僱工關係，並且通過禁止某些策略，該法案阻止了整個供應鏈上或者特許經營範圍內的工人聯合，有力地制約了工人的組織權利。[115]

最近，"哈里斯與奎因"一案 (Harris v. Quinn)，最高法院裁定，各州工人有權不交會費、退出工會，這令工會很難獲得捐款來代表工人權益。近期"工作權利"運動拓展至威斯康辛州、密歇根州和印第安那州，試圖通過移除勞工這一政治力量來應對該地區保守的經濟進程。[116] 如果這一態勢繼續下去，美國工人和美國經濟將蒙受巨大損失。

工會力量弱化威脅工資和福利

工會力量弱化令位於收入分佈中段的工薪家庭造成重大損失。

跨國研究表明去工會化大幅拉升了男性工資的不平等程度。[117] 近期估算發現，1973-2007 年增加的工資不平等中，去工會化貢獻了 20%。[118] 這一惡化影響已超出工會範圍。工會會為全體工人爭取通過設立行業門檻，來提升工作條件標準和工資，也會惠及非工會會員的工作。[119] 隨着工會力量的弱化，在廣義經濟中工資議價能力也隨之減弱。

　　工會消失不僅對不平等現象有重大影響，還威脅到社會大量弱勢群體的健康和保障問題。例如，在對 15 個低薪職業的分析中，經濟和政策研究中心的經濟學家發現參加工會的工人比起其非工會同事，擁有健康保險和養老金保障的比例高出 25%。[120]

工人政治力量減弱

　　除了爭取公平的工作條件，強大的勞工工會曾經是讓工人聲音轉化為政治行動的有效管道，以監督管理層濫用權力。這一對抗力量有助於確保不讓少數強權的慾望壓過多數人的需求。沒有了這一管道，實際上美國工人的聲音幾乎被湮沒。

　　隨着政治平衡被打破，企業在政治鬥爭中成功地進一步削弱了勞工組織能力，降低了工資和工作條件標準。要使勞工改革有意義，就不得不修復美國長期壓抑工人聲音的法律體系。

勞工標準下降

- 勞工保護有關規定停滯不前，且執行不力，傷害了中產階級工人，威脅到低薪酬弱勢工人的利益。

- 由於被困在收入分佈底層，越來越多的人雖然是在全職工作，收入卻無法滿足基本生活需求。
- 勞動條件惡化及執行不力，使得成百上千萬的工人陷入貧困，帶來巨大的社會公共福利成本並減緩需求。

通過工會這一平台，工人們可以爭取更好的薪酬和工作條件，法定最低勞工標準是工會平台建設的基礎。通過規定勞工最低保護及報酬條件，公平的勞工標準有助於保障美國工人享有合理、安全的財務狀況。然而，數年來美國勞工標準一直被忽視和破壞，以致甚至不能保障基本的生存水平，數百萬的美國工人因此陷入貧窮及不安全的經濟困境。

除了直接受益人，勞工標準提升會改善整個低收入部門的薪酬和工作條件，進而帶來諸多更廣泛意義上的經濟收益。

美國工人勞工標準降低

勞工標準下降有三方面的結構性原因。首先，與類似的發達國家或基本生活需求相比，美國的薪酬福利基準非常低。其次，美國現行的標準未能跟上通脹及經濟變化步伐；有一些甚至還被降低了。最後，在許多情況下，政府部門執行不力，導致工人們飽受歧視及其他形式的詬病。

美國的勞工標準不包括健康和退休金，這導致處於收入分佈最底部四分位的工人裏，有 1/3 幾乎無法享受帶薪病假，只有 41% 能獲得某種形式的退休金。[121] 由於缺乏公共醫療選擇，僱主也無義務提供，在所有的經合組織國家中，美國的醫療保險覆蓋率最低，儘管《平價醫療法案》已經帶來一些改善。[122]

　　儘管有權增加加班費，但在過去的 40 年裏，管理層被通脹吞噬了對工人加班權益的保護，而諸如喬治‧布殊總統調整加班豁免規定的行為，實際上降低了符合條件的工人數量。因此，領薪水的全職工人中，拿到加班補貼的比例從 1980 年的 33%，降至 2014 年的 8%。[123]

　　通脹也侵蝕了最低工資。經通脹調整後的聯邦最低工資時薪從 1968 年的 9.54 美元降至 2014 年的 7.25 美元，降幅接近 1/4。[124] 隨着實際最低工資的下降，低收入人群收入下滑程度遠超中產階級。如圖 2-5 所示，2014 年，最低工資僅相當於美國平均工資水平的 35%，而在 20 世紀 60 年代，這一比例為 53%。[125]

圖 2-5　聯邦最低工資佔生產工人平均時薪的比例

資料來源：Cooper, David, Lawrence Mishel and John Schmitt. 2015. "We Can Afford a $12.00 Federal Minimum Wage in 2020." *Economic Policy Institute Briefing Paper*.

　　勞工標準在其他方面也受到顯著削弱。布殊政府期間，數百萬工人被重新界定為獨立合同工，相應地將不再受最低工資及超時工作條款保護，並且不再受工人薪酬法、社會保障、失業保險、《職業安全和健康管理條例》及《國家勞工關係法》保護。[126]

　　除了標準在名義上太低這一事實之外，執行不力也給低收入工人再增加一層脆弱性。1980-2007 年，儘管工人數量增幅超過50%，美國對最低工資及超時工作巡視員的削減幅度達到 31%。一份 2008 年對 3 市 4,000 名低收入工人所做的調查發現，26% 的工人工資低於聯邦最低工資標準，76% 的工人未獲得法定加班工資。[127] 2012 年，美國政府各部門所發現的剋扣工資金額高達 10 億美元，說明這是廣泛存在的嚴重問題，考慮到絕大多數的工資剋扣不會被報導出來。研究人員估計每年低收入工人被剋扣的人均工資額為 2,634 美元，全美國共計 500 億美元。[128]

　　美國經濟中大約有 800 萬無身份的勞工違反了勞工法。為 1,100 萬非法移民提供途徑使其成為正式公民，將能引領他們走出困境，使其獲得正規的就業保護，提高他們的工資待遇，相應地也能提高與其競爭的美國公民的工資待遇。[129]

勞動力低端市場貧困加劇

　　低端勞動力市場貧困加劇及工資下滑，凸顯出勞工標準降低導致不平等加劇。在當前及上一輪經濟擴張期，貧困率實際上在上升——這是增長期內史無前例的現象，暗示勞工保護力度很低，極其危險，未能將經濟增長轉化為廣泛繁榮。[130]

　　除領取最低工資的工人外，最低工資標準也影響着處於收入分佈底端的其他工人。計量經濟結果表明最低工資發生變化會推升或壓低那些僅僅略高於最底部的工人工資，尤其是那些工資位於最底部 10% 的工人。[131] 最低工資的上調也會減少貧困，一項估算顯示，最低工資標準上調 10%，貧困將減少 2.4%。[132]

最低工資是決定處於收入分佈底部人群與中部人群之間不平等程度的主要因素之一，通常用第 50 個百分位的收入與第 10 個百分位的收入比值來衡量。隨着工資等級的上升，最低工資水平對工資的影響將逐步放大。過去幾十年，尤其是對女性及有色人種而言，[133] 最低工資下降成為導致底部人群不平等程度加深的重要原因之一。據加利福尼亞大學伯克利分校勞工中心估計，由於位於收入分佈底部的工人收入不足以滿足其基本生活需求，聯邦政府與納稅人一道，自 2009 年至 2011 年，總計花費近 1,530 億美元為他們支付醫療補助計劃、兒童健康保險計劃、食品救濟及貧困家庭臨時救助計劃。[134]

勞工基本規定和標準應確保僱主支付工人的工資，至少可以滿足其全家的基本生活需求。然而，現在一份拿最低工資的全職工作，不足以維持一個兩口之家達到聯邦貧困水平，而這一水平還可能低估了基本生活需求。那些接受醫療補助計劃、食品救濟、貧困家庭臨時救助計劃，或所得稅抵免優惠的群體中，有 73% 賺取市場工資，但其勞動收入仍然無法保障基本生活需求。[135] 除低工資外，工薪家庭還受到工作時間不確定、缺乏衛生保健及退休金的困擾，所有這些均導致不平等陷入持續、循環周期。[136]

即便是在已經十分脆弱的低收入群體中，惡劣的勞工標準對其中特定人群的傷害會更大。移民、婦女、少數種族在低收入人群及不穩定的兼職、臨時或非正式工人中，所佔比例極大。他們也經常是僱主違反勞工標準的受害人。[137]

在無身份勞工方面，研究發現在提升其工作待遇的同時，有利於促進美國經濟增長。2013 年，經濟學家羅伯特・林奇（Robert Lynch）和移民專家派翠克・奧克福特（Patrick Oakford）預測未來 10 年內，推進全面移民改革將使無身份工人工資提高 15%-25%，美國經濟產出將增加 8,320 億美元至 1.4 萬億美元。[138]

種族歧視

- 有色人種相較於白人，收入和財富狀況更差；這一差距自金融危機後擴大。
- 居住和教育隔離導致就業機會減少，就業歧視意味着有色人種更難找到工作。
- 這一結構性歧視在白人和其他人群間製造了較大的財富差距 —— 不平等世代相傳，從父母傳給孩子。考慮到有色人種將會佔到未來美國勞動力的大多數，這將會帶來不利的後果。

種族歧視 —— 通過 19 世紀和 20 世紀前半葉的合法隔離，以及當今美國社會實際存在的隔離及歧視 —— 顯然是驅使美國經濟走向不平等的一個主要原因。

受歧視的種族大多生活在貧困聚集區，並且財富差距在代際間永遠持續下去。在獲得教育、住房及其他積累財富方面，存在着深刻的種族不平等，這最終導致了非裔及拉美裔美國人的就業機會減少。該不平等是體制問題，而非僅是某些人的個人偏見。2050 年，美國少數人群體將變成人口的大多數，將大量人口系統地排除在經濟機遇之外，在全球化和競爭日益加劇的經濟環境裏，將進一步抵消美國促進平等和提升經濟表現的努力。[139]

有色人種受規則排斥的歷史

20 世紀中期，美國進行巨大的公共投資——教育、社會服務及基礎設施——為增長奠定了基礎。《退伍軍人權利法案》——也許是最著名的案例，美國政府投入 950 億美元用來幫助二戰歸來的 160 萬退伍軍人提供大學教育和職業培訓及購買房屋。但是這些旨在惠及中產階級的投資並未涉及有色人種。事實上，令人震驚的是非裔美國人被完全排除在惠民政策之外。只舉一個例子，"截至 1946 年 10 月 1 日，共有 6,500 名前美國士兵被密西西比州就業服務機構安置到非農業職位；其中 86% 的技術和半技術類工作由白人所得，92% 的非技術類工作由黑人所得"。[140]

類似地，"新政"充斥着帶有種族和性別歧視色彩的政策，並且歧視在政策作用下進一步強化。舉例來說，聯邦住房管理局在吉姆·克勞年代支持種族居住隔離。[141] 農業及家政從業人員，絕大多數是非裔美國人，最初就被社會保障計劃排除在外。[142] 數十年歧視的後果至今仍存在。

歧視也延伸至住房及勞動市場。近期研究發現，縱觀收入分佈圖譜，在相似的收入水平上，非裔、拉美裔及亞裔比起白人，居住在更加貧困的社區。白人與有色人種的差距在最低收入水平上最嚴重。非裔及拉美裔、中低收入亞裔居住在貧困聚集社區是相對常見的現象，但是白人幾乎不會。[143]

治安和刑事司法領域的種族歧視更廣泛、更明顯。目前，美國監獄裏有 230 萬人，這一數量超過美國成年人總數的 1%；最近數十年來，監禁率翻了 3 倍，其絕對值甚至高出中國這個世界人口第一大國的在押犯人數量。[144] 大規模監禁，對象主要是有色人種，這會對經濟平等產生嚴重後果，因為犯人將錯過加強人力資本建設的機會，出獄後還會面臨就業歧視。這甚至延伸至公立學校，非裔學生休學的比例是白人學生的 3 倍，這直接將缺乏管理的他們，暴露於走出學校，步入監獄的危險境地。[145]

1,120 萬無合法身份的美國人缺乏獲得公民身份的通道，使得超過 5% 的勞動力處於不受勞工法保護的暗處，進而更易受到剝削。[146] 在這一群體中，接近 85% 的人來自墨西哥或中美及拉美其他地區。[147] 無合法身份的狀態導致其喪失談判能力及靈活性。因為他們無法向執法機構求助，他們做同樣工作得到的收入更低，還更可能被剋扣工資及遭受違反勞動法的待遇。研究表明，將無身份工人身份合法化能提高稅收（儘管無身份工人繳納稅收在整體公共服務稅收中佔百分比很小），而且能提高他們及其他低收入人群的收入。[148]

有色人種面臨不平等際遇

由於結構性歧視對獲得教育及就業的限制，顯著擴大了收入的不平等。20 世紀 80 年代以來，非裔美國人的平均失業率是白人的兩倍多。2010 年，白人失業率達到峰值 8.7%，非裔美國人失業率為 16%。在衰退最嚴重時，白人失業率仍遠低於非裔美國人自 1980 年以來一直徘徊的水平。[149]

但是失業並不是唯一的問題。即使是那些有工作的人，也面臨工作隔離問題。[150] 有色人種，尤其是婦女，不成比例地集中在低收入崗位，主要指零售、食品服務及家庭保健。[151] 研究表明，這一情形部分歸咎於招聘中的歧視性行為 —— 不只因為缺乏教育。[152] 近期一項實地調查中，研究人員以不同的名字向紐約用人單位提交類似簡歷來申請入門級及低薪酬崗位，這些名字有的聽起來是白人，有的聽起來是非裔或者拉美裔。不僅非裔申請人收到回覆或獲得工作機會的概率僅為同等資質白人的一半，甚至近期有入獄記錄的白人，與背景清白、資質相似的非裔和拉美裔申請人相比，被僱用的概率相同。[153]

歧視無處不在，結果分化嚴重。30% 的非裔兒童、28% 的美國土著及 23% 的拉美裔兒童生活在高貧地區 —— 對比白人兒童這一比例僅為 4%。[154] 非裔學生在高貧地區的小學和中學裏佔到 42.5%，儘管其在學生總體中佔比不足 16%。拉美裔學生在高貧地區的學校裏佔比接近 31%，而其在學生總體中的佔比僅為 23.7%。[155] 由於逾越階層鴻溝如此倚重教育，而貧困社區的教育品質通常不高，因此有色人種想提升階層遇到很大的阻礙。

居住及教育隔離、就業及工作歧視和無身份狀態意味着有色人種更加難以擺脫貧困。土著民、非裔及拉美裔的貧困率超過白人的兩倍（分別是 27% 對比 25.8% 和 23.2% 對比 11.6%），這一數值在兒童中更不堪入目：接近 40% 的非裔兒童和超過 30% 的拉美裔兒童生活貧困，而白人兒童這一數值為 12%。[156]

這些結構性因素愈演愈烈，使得有色人種在經濟發展中永遠難以獲得先機。圖 2-6 展示了父母收入位於分佈最底部 25% 的兒童，其經濟階層向上移動的可能性。對出生在該區間的白人而言，14% 的兒童在成年後能升至收入分佈頂端，同時 32% 仍然處在底部。而父母收入位於底部的非裔兒童，成年後仍然留在底部的概率是白人的兩倍；來自底部的非裔兒童中，只有 4% 成年後能上升至頂端。[157]

　　制度設計也導致有色人種很難積累財富。許多銀行拒絕為非裔居民社區（非裔居民超過一定數量）放貸。這一做法，被稱為紅線標示，剝奪了非裔美國人擁有房產及積累財富以留給孩子們的機會。[158]然而不幸的是，這一政策因政府其他政策得到強化：此前，聯邦住房管理局（成立於 1934 年）經常拒絕為這類社區發放住房抵押貸款。

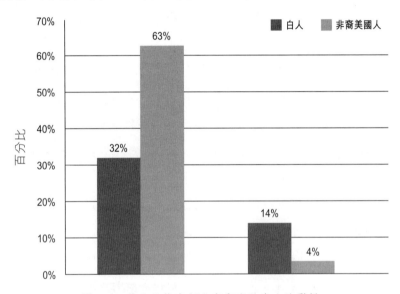

圖 2-6　收入分佈底部家庭兒童的向上流動性

資料來源：Hertz, Tom. 2006. *Understanding Mobility in America*, Center for American Progress.

　　這一歧視會導致實現自我延續的財富差距：缺少資金使得購買房產及建立公平更加困難。缺少資金也使削減貧困更加困難，結果是這些人在勞動力市場上的差距被進一步拉大。

　　根據皮尤研究中心對聯儲資料的分析，如圖 2-7 所示，白人中等收入家庭與非裔中等收入家庭的財富差距巨大，並繼續擴大。儘管自 2007 年衰退開始，各組人群的中等淨財富都出現減少，但有色人種相對更差。2013 年，中等收入白人家庭的淨財富是中等收入非裔家庭的 13 倍，是中等收入拉美裔家庭的 10 倍；後兩組人群的中等淨財富自大衰退後遠落後於白人家庭。[159] 研究表明，導致收入差距最大的因素在於多年的房產權、家庭收入、就業、教育及已有的家庭財富。[160] 由於缺乏可繼承的財富，非裔美國人買房時相對年齡較大，因此獲得房產所需時間更長，這就使他們財務狀況艱難時，擁有的緩衝更小。[161] 2008 年金融危機肆虐時，非裔美國人——經濟上已十分脆弱——受到極大衝擊。[162]

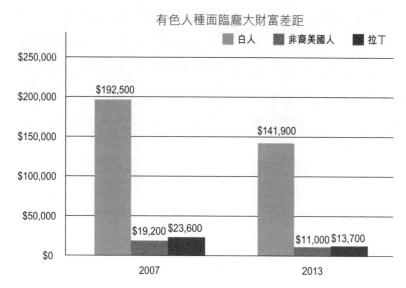

圖 2-7　有色人種所面臨的貧富差距（以 2013 年美元計）

資料來源：Rakesh, Kochhar and Richard Fry. 2014. "Wealth Inequality has widened along racial, ethnics lines wince end of Great Recession." *Pew Research*.

由於被監禁或有監禁史會影響就業、收入及經濟階層流動性，進而加劇個人和家庭的貧困，有色人種受影響尤其嚴重：2.3% 的非裔和 0.7% 的拉美裔美國人有監禁史,白人的這一比例為 0.4%。[163] 根據 2010 年皮尤慈善信託基金的報告,監禁"會使男性時薪下降近 11%,每年工作時間減少 9 週,及每年收入降低 40%"。[164]

監禁的影響已超出囚犯被監禁在懲教系統的這一段時間,對經濟生產率會產生終生甚至是跨越代際的影響。事實上,許多學者,包括蜜雪兒・亞歷山大(Michelle Alexander),視犯罪記錄盛行為現代版的"吉姆・克勞"(Jim Crow),非裔美國人遭受驅逐,數代困於社會二等階層。[165]

有犯罪前科的人要想找到工作極其困難,原因多種多樣,包括法律禁止他們從事某些職業,僱主會面臨潛在的法律責任,及他們被剝奪享有重要社會保障的權利,如教育和住房。[166] 美國律師協會揭示有 3.8 萬部法規會對定罪產生間接後果;這些法規中 84% 與就業相關,其中 82% 沒有終止日期。美國律師協會表示"一個有犯罪前科的人,在 18 歲時的犯罪記錄原則上會剝奪其獲得理髮師或造型師執照的權利,這種權利剝奪會持續至 65 歲"。[167]

結構性歧視帶來不良經濟後果

綜上所述,由於刑事司法系統的懲罰特性日益凸顯及勞動力市場存在的歧視,進而導致失業率高企和工資下降——這種現象尤其體現在大衰退時期,非裔男性相對於白人男性,多數情況不比 20 世紀 60 年代晚期好。[168]

歧視除對個人和其所在社區產生不良影響,結構性歧視還會拖累整個國家的經濟發展。針對歧視非裔美國人所產生的成本已有許多估算(包括不使用已有及潛在的教育和技能所帶來的全部損失),

克里斯‧本納（Chris Benner）和曼紐爾‧帕斯特（Manuel Pastor）找出了 1990-2011 年間美國最大的 184 個地區出現"增長魔力"的因素，他們發現這些增長魔力的持續時間與收入不平等和種族隔離緊密相關。"這一工作的妙處是發現越公平、越融合的地區（無論是在收入、種族還是地域上的公平和融合）越能支持長期經濟增長。"[169]

　　綜上所述，受排斥的歷史、種族隔離及歧視共同導致有色人種的經濟情況顯著差於白人。兒童更是首當其衝，這不僅應受到道義譴責，從經濟發展來看也不合理，對增長也不利。不過這不是絕望，而是行動號召：即使是最惡劣的種族和階層歧視，也能用更好的政策決策來抗衡。

性別歧視

* 勞工制度和政府政策為女性加入勞動大軍製造障礙。
* 女性面臨結構性歧視，這導致不平等加劇。
* 工資和工作機會上存在的歧視，減少總需求並阻礙增長。

　　從 20 世紀 70 年代開始女性加入勞動大軍，這對美國經濟的發展產生深遠影響。1950-1999 年間，年齡在 15 歲及以上的女性，勞動參與率從不到 40% 升至 60%。20 世紀 70 和 80 年代，近 1/5 的實際 GDP 增長由女性加入勞動力市場帶來。[170]

　　美國勞工制度設計之初是為了支持 20 世紀 50 年代的雙親、單一收入家庭，但卻未能適應新的現實情況。工作中的性別歧視，同時缺少帶薪病假及探親假、負擔不起兒童保育費用等因素，打擊了女性加入勞動力大軍的積極性。女性勞動參與率遠低於其潛在水平，尤其在美國。事實上，在過去 15 年，美國勞動年齡人口中女性勞動參與率從 77% 降至 74%，而在其他多數發達國家，女性勞動參與率是在上升的。[171]

規則未能適應職業女性

缺乏懷孕和生育保護通常將女性驅逐出勞動力隊伍。無帶薪假的職業母親們，因要在家照顧新生兒而丟掉工作，她們未來一年內再找到工作的比例不到一半。相比之下，有帶薪假的母親中，一年內回歸工作崗位的比例達到 87.4%。[172]

加入勞動力隊伍的女性面臨巨大困難。她們涵蓋了全國近 2,000 萬低收入工人的 2/3，儘管她們在全部工人佔比不足 1/2。從事低收入工作的女性中，有 1/2 是有色女性。母親在低收入勞動力中的比例是父親的 3.5 倍（21% 對比 6%）。[173]

與此同時，女性佔明顯優勢的職業（即護理、居家護理及教育服務）收入依然偏低。[174] 最近研究表明，不考慮性別及技能，在這些女性主導的領域，崗位收入要低於"護理經濟"以外同等水平的崗位。[175]

家庭友好型政策缺失也阻止女性加入勞動力隊伍，女性更難處理好工作、家庭及社會責任間的平衡問題。美國僅有 13% 的工人享有僱主提供的帶薪探親假，接近 2/5 的私營部門工人（大約 4,000 萬人）甚至沒有一天帶薪病假，並且僱主能提供短期傷殘保險以使其獲得個人病假的工人比例不足 40%。[176] 95% 的兼職和低收入工人無法獲得帶薪探親假。[177] 2013 年，樂施會的一個調查發現 14% 的低收入工人在過去四年裏因自己或家人生病而失去工作。[178]

帶薪假政策的影響可以反映在幾個發達國家女性勞動參與率的差異上（圖 2-8）。在美國，由於沒有帶薪假政策，2013 年只有 74% 的勞動年齡女性加入到勞動力隊伍中來，與 1990 年水平持平。這與其他國家形成對比。其他國家帶薪假福利始於 26 週工作年限，通常可擴展到探望雙方父母，並且明智的政策還賦予女性平衡工作和家庭生活的能力，使更多女性參與到工作中並推動整體經濟發展。[179] 今天在上述各個國家，年齡在 25-54 歲之間的女性，80% 都加入到了勞動力隊伍。

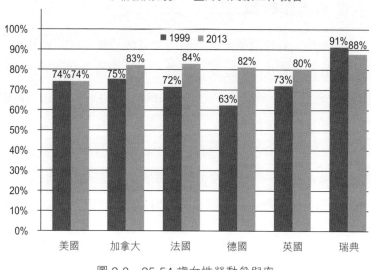

圖 2-8　25-54 歲女性勞動參與率

資料來源：Authors'analysis: "Online OECD Employment Database." *Organization for Economic Development.*

生育醫療保障事關經濟保障。在一份研究中，當女性被問及為何要使用節育措施時，大多數的回答是這樣做可以讓她們更好地照顧自己或家人，經濟上能生活得更好，獲得或保有一份工作，或者完成學業。[180] 研究表明，女性採取計劃生育（通過使用節育措施）的能力可改善其受教育程度及終生收入。[181] 其他研究顯示了計劃生育在代際間的影響：當母親採取計劃生育，其孩子更可能獲得較高的家庭收入及較高的大學完成率。[182]《平價醫療法案》針對加入此保險的女性大幅提高保障標準，而近期在墮胎和家庭計劃生育上的管制卻讓女性更難獲得全面的醫療保障。[183] 這些管制不僅導致一系列毀滅性的健康後果，也加劇了女性和其全家及所在社區的經濟不安感。

收入性別差距持續

美國女性工資持續低於具有同等背景的男性，同等背景包括同等年齡、教育水平及職業經歷。50 多年前，約翰・甘迺迪總統簽署《美國公平報酬法》，禁止"僱主支付報酬時以性別為由"出現歧視。當時，男子每賺 1 美元，婦女只賺 59 美分。半個世紀過去，這一差距縮小至 20 美分；現在男子每賺 1 美元，婦女大約賺 78 美分。白人男子每賺 1 美元，非裔和拉美裔美國婦女分別只能賺到 64 美分和 56 美分，相當於每年非裔美國婦女損失 19,000 美元，拉美裔美國婦女損失 23,279 美元。[184]

性別平等帶來經濟收益

解決經濟和健康不平等問題不僅是道德需要，也會為家庭及更廣泛意義上的經濟發展帶來重大福利。同工同酬意味着美國 60% 的女性收入將實現增長。2/3 的單親母親收入將增長 17%（相當於一年增長 6,000 多美元），這些家庭的貧困率將從 28.7% 降至 15%。同工同酬會使貧困職業女性人數減少一半，進而降低其對安全保障計劃的需要，因為許多有工作的家庭仍然依賴這些計劃來維持生計。同工同酬兌現後，女性收入總增幅將比聯邦和州對《貧困家庭臨時救助計劃》的總支出多出 14 倍。[185]

　　持續歧視女性勞動力將加劇經濟不平等，也減少總需求，因而制約經濟發展。將女性勞動參與率提升至與男性水平相當，在各國對經濟發展都是巨大福利 —— 真正意義上的 "供給方面" 措施。這樣做會使美國的 GDP 增長 5%。[186] 按照最新預測顯示，男女同工同酬將使美國的 GDP 增長 3-4 個百分點。[187] 考慮到同工同酬將進一步提升女性加入勞動力大軍的熱情，刺激效果也許將更為顯著。

第三章　重構規則

　　要為廣大民眾修復經濟，必須從規則和體系入手，從而解決它們所引發的投資低迷、增長緩慢、收入流失、上層財富日益增多、民眾致富愈發艱難等問題。單從政治的角度而言，要通過一兩項我們已達成共識的政策並非難事，但當我們面臨不斷擴大的貧富差距所帶來的各種嚴重問題時，這種做法始終是杯水車薪。本書所提出的一整套方案旨在通過重構規則、重塑經濟來減少不平等，改善經濟狀況。正如我在上一章中所提到的，只有採取廣泛的、有力的、完善的舉措，才能改變美國經濟扭曲的現狀，使其重回正軌。

　　我們提出的方案打破了特權網，將矛頭直接指向商業遊說集團和政客們針對的經濟規則和社會規則的種種動機。長久以來，這些不良動機使得企業的生產性投資越來越少，經濟也因此失去了惠及廣大民眾的強有力的發展勢頭。我們期望的政策改革是對企業、員工和公共部門各方面關係的重構，確保努力的工作可以換來生活水平的提高，確保投入的資金可以換來美國經濟的騰飛，確保在激烈的全球競爭所帶來的各種挑戰面前，我們可以從容應對。

　　我們的方法分為三步走。第一步，抑制尋租行為，這種行為給上層人士帶來了豐厚的回報，卻增加了其他人的成本，影響了美國經濟的效率和穩定。只要經濟的增長還是建立在尋租行為和金融泡沫的基礎之上，那麼持續增長所需的對企業、民眾和基礎設施的投資便無從實現。讓我們把目光投向這個充斥着特權機構的市場，除了已制定規則和汲取利潤之外，這些機構依然在努力地修訂規則，以使這個市場更好地為其所用。接下來，我們要審視的是金融業，這個多年來一直實行自我管制、逃避公眾監督的重要行業，必須確保它完成自身的社會使命而不會給社會其他方面帶來額外的負擔。然後要針對的是猖獗的短期行為，它們越來越多地取代了長期業務，從而影響了企業的長期健康成長。最後，還要為稅收改革繪畫一張藍圖，以提高公共投資的收益為目標，不再為尋租行為大開方便之門。

　　第二步，重新構建規則和體系，為中產階級提供保障和機遇。這條路徑直觀明瞭：提供充分就業，投資公共設施；實行新的規則，尊重工人的勞動，收入與產出緊密相關；降低所有工人的就業門檻，尤其是婦女、有色人種和外來人口。

　　第三步，以低廉的價格提供高品質的學校教育、醫療保健、兒童保育、金融服務和退休保障。讓每個家庭和個人（所有的美國人）都可以通過工作來實現美國夢。要在 21 世紀的全球競爭中立於不敗之地，美國經濟的每個引擎都必須啟動待命。

　　這裏有新觀點，也有老生常談，但無一不是為了實現 75 年前，美國走出大蕭條且一躍成為世界霸主之時，對人民所做出的關於保障、機遇和自由的承諾。羅斯福新政曾為經濟增長、機會均等、保護弱勢群體等相關新政策提供了一個良好的開端，佛蘭克林・羅斯福總統建立了一套追求經濟增長與公益事業並重的體系，在政府與私營經濟中間尋求平衡。在消除不平等和獲取經濟利益方面，新政為後代樹立了良好的榜樣。

我們所經歷的不平等是一道選擇題，並且我們有機會做出更好的抉擇。我想，如果我們還能做甚麼讓子孫後代心懷感激的話，那就是實現羅斯福總統當年的承諾了。

抑制上層

處於金字塔尖的 1% 上層人士依靠特定的制度、決策就能順利地實現財富的增加：從消費者和納稅人失去對金融泡沫的防範，且沒有其他相應政策及時更新補充的那天起；從公司為了追求股東們的短期股票收益，和首席執行官令人咋舌的薪酬待遇，而放棄了自身長遠利益的那天起；從修訂稅法導致更多地舉債經營和更豐厚的高管薪酬，使生產性資產投資嚴重受阻的那天起。解決這些問題不僅僅是為了消除不平等，同時也是為 21 世紀的經濟繁榮打下堅實的基礎。

為了確保經濟持續增長和共同富裕所需的投資，我們必須限制市場權力、穩定金融業、鼓勵企業制定長遠發展規劃、重新評估和修訂稅法，具體步驟如下。

恢復市場競爭

權力加劇不平等 —— 它使得市場經濟偏離了競爭範式。在許多行業，一些公司已經擁有了擅自提價的權力。所謂的 "市場權力" 並不僅僅是我們通常所理解的概念，它還是一種政治權力，是企業倚仗法律和制度對消費者漫天要價，剋扣供應商和工人收入的權力，是向政府索要更多、對公益事業貢獻更少的能力。希歐多爾·羅斯福總統曾制訂反壟斷相關法律來限制大企業的經濟和政治特權，可是，經濟在發展，反壟斷法卻停滯不前。尤其是在面對 21 世紀特有的壟斷和壟斷權力時，它顯得那麼軟弱無力。

我們需要一部 21 世紀的競爭法，證明我們已經實現了從制造型向服務型、知識型經濟模式的轉變，我們要對競爭的各種原則進行更加有的放矢的定義。在一些關鍵領域內，我們要干預、要恢復平衡，包括知識產權、全球貿易協定、醫療價格、消費者金融保護等。不僅如此，在金融業、勞工法、貨幣政策、全球化管理等方面，我們還要打破那些加劇國內政治和經濟權利不平等的制度和體系網，並重新恢復平衡，在接下來的章節中我會一一闡述。

恢復知識產權領域的平衡

知識產權 (IPR)，是市場與人為規定密不可分的典型案例。法律框架和配套體系都應該支持創新、鼓勵投資，但卻不能阻止創新，和相關知識在公平競爭的情況下得到廣泛的傳播和應用。知識產權的引入本就是為了解決這一難題，遺憾的是，我們的知識產權領域已經失去了公允之心，結果自然也就不能如我們所願了。

在如今的美國，知識產權常常是保護其所有者遠離市場競爭的盾牌，就像高額關稅是保護國內產業的壁壘一樣。知識產權抬高了消費者支付的價格，而多支付的部分卻是壟斷者的暴利。舉例來說，將 BRCA 基因專利（可影響患乳腺癌概率的基因）授予 Myriad 公司，就曾使拯救患者生命的實驗和更有效、更廉價的測試方法的開發進程受到阻礙。在最高法院開創性地判決這一專利無效之後，更好、更便宜的測試方法立刻紛紛湧現。但是因專利而產生的 Myriad

公司市場霸權的後遺症仍在，它仍然佔有具有絕對優勢的市場份額。

在類似於《跨太平洋夥伴關係協定》的貿易協定中，美國為了維護製藥、軟體、娛樂等行業的利益強勢推行知識產權政策，結果卻未能產生最大化的經濟效益，或者用事實來說，未能有效地鼓勵創新。堅持引入過於嚴格的知識產權保護就意味着在挽救生命的藥物、可再生能源技術和其他創新方面，美國及其貿易夥伴的研究和開發進程將更加緩慢，這實質上就是對生命和環境的破壞。

更好的平衡不是不能實現的。例如在美國，曾經一度採用 1984 年的《沃克斯法案》（又稱《藥品價格競爭與專利期補償法》）來平衡創新需求與救命藥品的進入市場，使藥店和醫療機構銷售的非專利藥品的比例從法案頒佈之初的 19% 猛增到 86%！[1] 如果沒有來自非專利藥品的競爭，如今的藥價還不知道要高出多少倍！

對全球貿易協議進行糾正

對於美國而言，與全球夥伴一起為國際貿易和投資制定規則固然重要，但這些通過貿易協定制定出來的規則卻使貿易條款越來越服務於跨國企業，而傷害了美國及其經濟夥伴國家的工人和公眾利益。這些規則決定了誰將成為全球化市場的受益者——可是它們卻是由相關企業關起門來積極制定的，沒有其他利益相關方的參與，因此也無法制定出我們希望看到的造福所有人的全球化管理規則。

說起少數得利、多數受損的實例，其中值得一提的就是美方談判專家們堅持要求其他國家加入的所謂保護投資方的"投資者—國家爭端解決機制"（ISDS）。在這一機制下，投資者可以向東道國政府提出仲裁，由國際仲裁小組私下裁決，且無法再通過司法審查或者上訴的途徑尋求援助。面對那些侵佔投資者財產、制定專門針對某家公司的歧視性政策的流氓政府，投資者的利益確實需要保護，但這些條款的設置卻意不在此。投資者完全可以通過向世界銀行的多邊投資擔保機構，或者美國政府的一些計劃購買保險來規避上述風險。而該機制的真正目的卻在於使東道國那些保護公眾利益的政策（包括健康、環境、消費者安全、金融等）無法與跨國企業的惡意商業行為進行對抗。在歐盟，類似的反圈錢的法律和制度已經可以與美國平分秋色了，因而美國的談判專家們非常堅決地要求把這一投資者保護條款，寫入與歐盟的貿易協定之中。保護公眾利益的政策受到了限制，所謂的保護投資者實際上使得貿易夥伴國家難以提高健康、安全、環保等方面的標準，而跨國公司則可以輕易地將生產基地轉移到海外，或以此來壓榨工人的工資。

　　全球化經濟的貿易協定必須以真正的高標準相配套（保護勞工利益、環境、消費者以及公共衛生等），只有遵從了這些標準，協議的利益才能夠真正實現。以美國作為東道國為例，一家跨國公司若與美國境內公司簽訂協定進行交易，應先通過可靠的獨立第三方進行審計和認證，如國際勞工組織；只有手持認證的公司才有資格享受協議中的優惠待遇。事實證明，與實行原模式的貿易協定相比，如跨太平洋夥伴關係協定下的巴林、哥倫比亞等，上述要求是有利於提高標準的 —— 在柬埔寨的服裝出口行業已經初見成效。[2]

　　要建立真正公平合理的貿易規則，首要的一步就是不再向其他國家輸出那些引發收入和財富不平等和施加政治影響的經濟規則。雖然"貿易政策"的改進方案更多地關注國際經濟中的技術和法律層面，但眾所周知的是，交易不是由協定促成，而是靠人為的。本書中還提出了機會均等，消除過度的市場權力，維護公平開放、造福大眾的市場競爭等目標，在全球化日益深入的今天，這些才是美國經濟抓住機遇、創造機會的關鍵所在。

通過政府議價控制醫療成本

在現有制度下，醫療行業的公司和機構，從醫院到保險公司，再到製藥商，都可以通過聯合和擴張減少競爭，抬高價格。不僅如此，政府還從法律上限制了個人的議價能力。事實上，美國的醫療成本是全世界最高的——我們比其他國家花了更多的錢（無論從絕對金額還是從國內生產總值的百分比來看），結果卻如此令人失望，甚至遠遠不如那些支出比我們少得多的國家。[3] 美國的老兵事務署曾與藥品公司進行了大宗採購的議價談判，獲得了比市場低 40% 的處方藥採購價格。[4] 相反，"2003 醫療處方藥福利計劃"（2003 Medicare Part D）卻明確禁止通過議價降低藥品價格，也意味着老人和納稅人不得不花更多的錢購買藥品。[5] 聯邦政府應該制定一張全國範圍的處方藥列表，同時建立起一套覆蓋所有公共醫療保險專案而不僅僅是老兵處方藥的採購成本效益體系。製藥商們只有拿出高的效益成本比，才能通過參與競爭成為列表上推薦的藥物之一，那麼，藥品價格自然也就隨之而降了。

修改破產規則，納入學生和有房一族

當個人或公司無力償還欠款時，接下來就是債主們的討價還價過程了。如果各方無法達成一致，那麼法律制度上的規定將決定不

同債務人和債權人的議價能力，並最終影響整個議價過程。2005 年
出台的《防止破產濫用及消費者保護法》即是以債權人利益為出發
點，對規則進行了修改，該法案也讓我們清晰地看到法律和制度體
系在影響經濟發展和擴大不平等上所起到的作用。對於可能使大批
美國人負債纍纍的掠奪性貸款和高利貸的放任縱容，實際上就是對
銀行議價能力的強力支持。

　　同樣，當前的破產法在對待不同債務人和債權人上也是厚此薄
彼的。根據我們對破產法的修訂，金融衍生品──這個給銀行帶來
了巨額利潤的金融產品，同時也是 2008 年金融危機的罪魁禍首之
一──得以優先於拖欠工人的工資進行破產償還。與此同時，當學
生們還在為助學貸款而煩惱之時，富人們已經駕駛着貸款購置的遊
艇瀟灑起航了。

　　要重回正軌，就要從推翻這些規則開始。在破產償還過程中對
金融衍生品的保護是華爾街的利益所在，卻使得企業更加癡迷於各
種花哨的金融工具，從而承擔更大的風險，去除這一保護對於防止
經濟過度金融化來說至關重要。簡化破產申請過程中過於煩冗的環
節，幫助人們從命運的不幸中走出來，重新開始。其實，個人破產
的大部分情形都歸因於醫療救護、長時間失業，抑或是兩者兼而有
之。[6] 醫療改革已經起步，宏觀經濟的改革會在下面詳述──遏制
金融行業的剝削和掠奪性行為──讓破產和經濟困境逐步淡出人們
的生活。

　　當然，我們能做的還遠不止於此。有房一族的破產法與公司的
破產法類似，可以保證家人有房可住，讓被負債所累的家庭重獲新
生。

修復金融業

金融業是本書中反覆出現的主題，只因它未能完成我們賦予它的使命：掌控風險、有效地配置資本、調節儲蓄與投資、為投資和創造就業機會提供資金、運行 21 世紀的高效的支付機制。與此相反的是，它對風險管理不善，對資本配置不當，鼓勵剝削和操縱市場，形成了一套與現代技術的進步完全不匹配的、極其昂貴的支付機制。運行良好的經濟總離不開運行良好的金融市場，金融市場的重要性不言而喻。不幸的是，我們的金融市場不僅未能向有價值的項目提供資金，還引發了嚴重的不平等，造成了經濟狀況的惡化 —— 增長緩慢，動盪不穩。

眼下，經濟態勢疲軟，極易產生泡沫和恐慌。《多德—弗蘭克法案》只是一個開始，但該法案並沒有改變運轉失靈的金融體制的框架。深化改革可以且應該降低金融業乃至整體經濟的風險，增加透明度，減少短期投機，促進市場競爭，減少尋租範圍，保證銀行履行其首要的社會責任 —— 為公司的投資和創新提供貸款。

我們提出的金融業改革有雙重目標。一是防止金融業對社會其他部門的危害，包括對個人（在掠奪性貸款和操縱市場方面）和對整個經濟（肆無忌憚的個人金融行為導致的不斷升級的系統效應）。

二是建立一套真正服務於全社會的金融系統 —— 如對小企業、教育和住房提供有效的資金援助。待到人人都能過上中產階級的生活，我們再開發金融產品，並以金融系統支援它們的發展壯大。遺憾的是，幾乎所有對於金融業改革的討論還集中在第一個目標上 —— 只是防止它的危害。我們期盼金融業能夠拋開反社會活動的高額利潤，重新關注其自身的職責和使命。當然，能做的還不止這些，在後面的章節中，我會舉例説明。

　　本章中，我們重點關注第一個目標：控制目前的系統給整體經濟帶來的風險，減少那些直接由消費者埋單的業務。我們要結束"大而不倒"的情形，降低"影子銀行"的風險，增強金融市場的透明度，通過限制借記卡和貸記卡的年費、增加競爭來實現更高效的支付機制，執行更嚴格的懲罰機制和規則，改進美聯儲的管理方式。接下來，我還要提出進一步的改善計劃，關注人們生活中最為美好和重要的問題，如支付大學學費、購買住房。

"大而不倒" 的終結

　　我們要進行的改革，不僅要結束"大而不倒"的情形，還要防範大的金融機構的倒閉給其他經濟領域帶來的傷害。有了政府撐腰的銀行不斷壯大，最終到了牽一髮而動全身的地步，它們不用擔心為自己的失策付出怎樣的代價，因為那些高風險的賭注足以為它贏回巨額的利潤。扭曲的決策動機使它們甘冒過度的風險，因為它們知道一旦出現問題，自有政府會保它無虞，也自有另一些人會為其埋單。事實上，這就是 2008 年金融危機的真實一幕，它對經濟的影響至今猶存。

　　雖然近期進行了多次嘗試，也推行了《多德—弗蘭克法案》，但銀行仍是"大而不倒"，且有"大而失控"之勢，"倫敦鯨"事件就是最好的證明。即使這些銀行不再是大而不倒，它們仍然可以依賴與各相關機構之間盤根錯節的聯繫而屹立不倒：由於過從甚密，一個體系的崩塌可以迅速引發其他體系的連鎖反應——直到政府出面擔保方能停止。因此，各體系和機構間的相互關係必須透明，並得到有效監管。

金融穩定監督委員會不僅要根據《巴塞爾協定》進行評估,還應對未達到該協議規定的資本充足率的機構徵收額外的資本附加費,來確保其控制風險,避免破產。此外,大而不倒(或因千絲萬縷的聯繫而不倒)的銀行還有一個優勢:它們不必為自己的失策而給整個體系帶來的災難付出代價,甚至還可以因此獲得補貼。資本附加費的收取旨在改變這種扭曲的市場狀態,大銀行即使比小銀行效率更低,卻也能享受優厚待遇的日子將一去不復返。

收取附加費可以迫使銀行為自身的冒險行為埋單,提高經濟效益,同時也保護納稅人不再為這些機構的失策而遭受損失。為了避免就如何量化"舉足輕重的金融機構"進行無謂的爭吵,我們可以將標準設為層級式,而非一錘定音。

此外,如果美聯儲和美國聯邦儲蓄保險公司認為某家機構無法制定出"生前遺囑",提出在其破產情形下,不給其他經濟體造成巨額損失的自身清算計劃,那麼該機構就應按其規模大小在商業鏈條中進行拆分,以便更好地管理。不僅如此,"生前遺囑"及相關分析應當對外公佈,且在正常狀況和非正常狀況(如金融危機)下,都實際可行。不過,考慮到危機下可能發生的各種混亂局面,這些生前遺囑的真正可行性也得畫上個問號。如果不幸被我言中,那麼我們所剩的唯一途徑就是像曾經對標準石油公司和 AT&T 公司那樣,對這些大而不倒的機構進行拆分了。

規範影子銀行,關閉離岸銀行

影子銀行是大而不倒的金融機構的重要成員,是通過債券和證券交易進行借貸業務的非銀行金融機構，最常用的手段就是將債券和證券通過證券化過程進行轉化。這些機構包括貨幣市場基金、類似美國國際集團（AIG）的保險公司甚至汽車製造廠商。這些非銀行金融機構作為 2008 年金融危機的重要誘因，很多都已經順利脫身，且危機後的改革，也並未針對該行業的暗箱操作和不正當借貸所帶來的巨大風險，採取足夠得力的措施。

在監管不足的狀況下，影子銀行繼續發展壯大。[7] 事實上，影子銀行系統的很多實踐並非受高效益所驅使，而僅是為了規避監管 —— 為了維護金融系統的穩定和高效而進行的監管。制度上的缺陷是導致該行業迅猛發展的根源，這一點不容忽視。金融危機暴露了我們的監管機制的嚴重滯後：面對影子銀行系統提供信貸的新方式，它幾乎是束手無策。不僅如此，在危機的餘波下，影子銀行系統仍然存在監管不足的問題，這也是普遍共識，是我們的失策。

舉例而言，應該通過制度來增強影子銀行業務的透明度。例如，針對曾經在 2008 年金融危機中一度引發恐慌的貨幣市場共同基金，證券交易委員會應重新評估和補充其最近出台的相關制度。該制度目前規定，所有的貨幣市場共同基金都應在浮動的基礎上進行估值，以反映出其潛在資產的價值，而非固定為 1 美元 / 股。若能將浮動估值這一原則推廣到所有貨幣基金，將會是對該制度的有力擴展，不僅可以進一步掌控貨幣市場的風險，更能降低發生恐慌的可能。[8]

我們還應明確政府作為非銀行金融機構的貸款人所扮演的角色。模糊的角色定位也會醞釀風險。在 2008 年金融危機中，美聯儲過分地發揮了其作為最後貸款人的能力，為影子銀行提供流動性服務，這也意味將"大而不倒"的金融機構的補貼擴展到了更廣闊的範圍。緊急借貸是危機下的救命稻草，是聯邦政府掌控的降低金融風

險、消除恐慌的權力和能力。若沒有明確的規則、指引和限制，這
些權力就可能被嚴重濫用。因此，國會根據《多德—弗蘭克法案》明
確要求美聯儲建立起一套"緊急借貸計劃，在金融危機的情況下，僅
為金融系統，而不是某家快要倒閉的金融公司提供流動性服務"，要
求美聯儲制定明確的程式來實現上述目標，而美聯儲對此卻有些反
應遲鈍，只拖拖拉拉地寫出一條言之不詳的規則來。[9] 對於政府在影
子銀行業務中扮演的角色，美聯儲必須要有明確的規定，必須以足
夠約束力的制度框架來確保政府對影子銀行的援助只是罕見事件，
必須向影子銀行系統收回社會為其支付的成本和潛在的擔保成本。
如果美聯儲對於制定上述規則仍然毫無建樹，國會應不吝採取強制
手段。

最重要的是，我們的監管制度是為了確保金融系統的安全可靠
而建立的，而影子銀行和離岸金融中心到底在多大程度上規避了這
些監管，是我們必須重新審視的問題。開曼群島和其他離岸銀行中
心與國內金融機構相比，真正的經濟優勢何在？我能想到的，只有
規避監管這一條而已。美國國內完全具備相關的金融專業能力——
事實上，大多數離岸賬戶的管理都是在美國國內進行的。[10]

金融市場的開放透明

金融市場的暗箱操作並不局限於信用仲介。資產管理，尤其是
替代性管理工具如私募股權基金和對沖基金所收取的手續費既無競
爭力，也不對外公開，卻成為金融業發展的一大動力和利潤源泉，
也是金字塔尖的 1% 富人的收入份額。[11] 更為嚴重的是，個人退休
賬戶（IRA）和其他金融產品的投資者們並不了解它們的操作規則，

這些基金經理們甚至不受任何誠信標準的約束，有利益衝突也無所謂。說到底，這些過度收取的手續費不過是從養老金或其他儲蓄產品的普通投資者向金融大鱷們進行的財富轉移罷了。

幸好我們已經推出《多德—弗蘭克法案》，根據它的規定，私募基金必須到證券交易委員會進行註冊，結果暴露出了一大批欺詐和違規行為。在對抽取的 150 家新註冊的私募基金顧問進行調查之後，證券交易委員會合規檢查辦公室主任說："我相信我們已經發現了現存的 50% 以上的違法行為和監管漏洞。"[12] 國會應鼓勵證券交易委員會趁熱打鐵，要求私募基金和對沖基金公開其所持資產結構、收益狀況及費用收取機制。對於上述交易，證券交易委員會應進行特別的審查並對投資者提出建議。規範對上述基金的監管，使其形成與共同基金類似的監管機制；價格的透明和隨之而來的競爭將有助於減少金融租金。（後面我們還會進一步討論如何有效地保護養老金的問題。）

降低借記卡與貸記卡手續費

在借記卡和貸記卡交易中對消費者徵收的高額手續費，就是金融業濫用市場權力的明顯標誌。利用現代技術，要將錢款從個人賬戶轉移到他消費的商家賬戶，其成本不足 1 美分。而借記卡或貸記卡向商家收取的手續費卻是交易額的 1%-3%，甚至更多，這種與服務成本完全脫節的高額費用，實際上就是在國家聯網的支付體系上尋求的壟斷租金。有趣的是，這些金融機構還經常進行遊說，反對增加稅收，聲稱會導致交易成本的增加從而傷害商業運轉，與它們拿走的利潤相比，稅收不過皮毛而已。

　　《多德—弗蘭克法案》的德賓修正案提出降低借記卡公司對商家收取的超額費用（該費用又以更高的商品價格的形式傳遞給消費者）。顯然，壟斷權力導致的商品價格的增加與降低工人工資水平一樣，都是降低普通大眾的生活水平的罪魁禍首。《多德—弗蘭克法案》將執行這一規定的重任交給美聯儲，而美聯儲卻未能將這一費用降低到實處。此外，德賓修正案僅限於借記卡，而更為重要的貸記卡市場卻仍然處在未受約束的壟斷權力之下。從近期的法庭判決結果來看，未來這一市場有望實現競爭，但我們不能滿足於此。我們所期望看到的是充分競爭的市場，是沒有金融業的市場權力籠罩之下的支付機制。

執法必嚴

　　法律法規的執行與其訂立具有同樣的重要性。在過去的十年裏，金融法律法規中的刑事執法越來越少。幾乎很少有相關案件走上法庭審判之路。證券交易委員會和司法部總是以較為優惠的條件解決這類案件，如簽訂暫緩起訴協定等。根據此類協定，雙方無須承認自己的不法行為，甚至無須支付與他們的獲利金額相當的罰款，更談不上哪些個人要對此負責。即便是支付罰金，也是出自股東的腰包，並且可以享受稅收減免。真正的肇事者不僅可以逍遙法外，還可以樂享他們從非法行為中牟取的額外利潤而無須償還。[13] 法律的武器既沒有給不法行為定罪，也沒有給違法者造成嚴重的後果，反而成了孕育它們的沃土。

　　這些公司雖承諾不再從事違法活動（它們也從未承認自己做過），卻一而再再而三地因從事類似的活動被反覆叫停。很顯然，我們的法律實施並沒有形成足夠的威懾。

證券交易委員會和其他執法機構應當付出更多的精力嚴格執法，國會應該對無所作為的機構施以顏色。任何一家已經簽署並受暫緩起訴協議約束的公司都無權再次簽署類似的協議。任何暫緩起訴協議都應受到更加嚴格的司法審查和監督。同時，我們還應建立起完善的賠償機制使違法者面臨更加嚴重的後果，如追回獎金、扣除退休津貼等。

改善美聯儲的管理

執法者的心態也很重要。金融業的很多規則都要靠美聯儲來執行。美聯儲的領導者們往往被大金融機構的利益所左右，而忽視小的借款人和貸款人。因此，減少利益衝突和改變官員選拔流程是對美聯儲管理機構改革的兩大重點。

美聯儲的行為一直倍受關注，但多數集中於貨幣政策和 2008 年金融危機的管理方面。

受彌爾頓·弗里德曼影響的右派人士支援建立以規則為基礎的貨幣主義系統，要求將貨幣的供給增長到固定的比例。但隨着經濟結構的衍化，該理論開始受到越來越多的質疑，其對維持宏觀經濟穩定性的作用也被畫上了問號。左派人士則認為，美聯儲更多地反映了金融市場的利益，它關注通貨膨脹甚於關注整體經濟形勢，對於工人們最為關心的失業率問題，它也明顯關注不足。即便那些並非來自華爾街的美聯儲官員也漸漸被“捕獲和同化”。在 2008 年金融危機之後，由於美聯儲怠於公開它和財政部行為的許多細節，這一問題更是成為公眾關注的焦點。紐約美聯儲主席恰恰是由那些獲

利最多的金融大鱷的管理者們組成的委員會選取產生的。眾多報導
對美聯儲的行為提出質疑，其中許多直指其對某些機構的超額比例
的實質性補貼。美聯儲是公共機構，承擔着對經濟進行宏觀管理、
救市、對金融市場進行監管等重任，這些都應在它的管理機制中得
以體現。

美國政府問責局於 2011 年的一份研究發現，對美聯儲系統內利
益衝突問題的管理尚有巨大的改進空間。[14] 美聯儲的僱員和各地區
董事會的成員存在任何潛在利益衝突（定義得非常廣泛）的，都應對
外公開；所有存在重大利益衝突的個人都不能受僱於美聯儲，或成
為地區美聯儲董事會的成員；對於個別事件存在利益衝突的，相關
人員應當對該事件的決策進行迴避；美聯儲的成員們還應簽署《旋
轉門協定》，在其卸任之後的一段時間內，不得從事金融業的相關工
作。歸根結底，各地區美聯儲的董事會和官員們都應通過透明和有
效的選舉產生。

促進長期業務增長

短期行為不僅是公司面臨的重大問題，也是關係經濟全局的重
大問題。正如前面所提到的，我們修訂了公司治理規則、修改了資
本稅和最高收入所得稅，使股東們更加傾心於短期利益，首席執行
官們更是因短期股價的飆升而獲利豐厚。一方面，這些行為模式上
的變化加劇了不平等，而另一方面，這些短期行為更是大大減少了
能給公司帶來長期業務增長潛力的實際投資。短期行為使經濟背離
了正途，對工人、對就業機會的投資都因此而減少。

我們的方案旨在促進公司在資本設備、研究和開發、員工培養

等方面的投資，從而鼓勵創新，增強經濟活力。為此，需要調整公司管理層的薪酬機制，徵收金融交易稅，抑制短期交易，放權給長期利益持有者。

調整首席執行官的薪酬

我們提過，公司高管層的薪酬體制未能形成它的宣導者們所聲稱的激勵效應，所謂的股票期權計劃更使高管們與公司發展的長期目標漸行漸遠 —— 包括導致了資本配置不當的"創造性會計"行為，對於整體經濟的不平衡也起到了不可忽視的作用。[15] 當公司的首席執行官可以獲得天價薪酬時，整個社會的高管薪酬標準也隨之提高，那些非營利機構和其他實體的管理層們自然也不甘示弱，貧富差距也因此擴大。

調整高管薪酬最為簡單易行的方式就是調整稅收，使獲得股權薪酬，尤其是擁有股票期權的高管們繳納更高的所得稅。消除或彌補績效薪酬的漏洞（那些使股權期權和其他超額的高管薪酬更受歡迎的機制），不僅可以有效地調整高管薪酬，還能更好地幫助首席執行官們成為公司的管理者，而不是金融投機者。國會應繼續維持高管薪酬改革中設定的 100 萬美元封頂的稅收減免額度，並且將績效薪酬納入其中；公司中收入最高的管理層都應適用上述稅收減免額度。

政府應該採取的步驟還不止於此。高管薪酬應該更加透明，因股權期權而稀釋了股東價值的薪酬狀況要嚴格公開。每家公司都應對高管薪酬所涉及的全部價值提交更透明、更完整的報告。目前，各家公司對於薪酬支付的報告要麼生澀難懂，要麼是將真實的數位掩埋在各種複雜的股權期權和保險之中，要麼就是只有在無人關注的註腳裏零星出現。證券交易委員會應明確要求各家公司將這些薪酬的具體金額以簡單、明確的形式呈報。

對於公司該向高管支付多少薪酬，作為公司名義上的持有者，股東應當有一定的話語權，公司每年都應針對高管薪酬問題舉行強制性的股東投票。不要指望董事會對過高的高管薪酬提出異議，董事和高管們向來親密無間，與其他公司的首席執行官們也往往是故交好友，知道彼此的薪資向來是水漲船高，因而都是樂見其成的。更進一步的措施可將企業稅的稅率與首席執行官薪酬和工人平均薪酬（甚至是企業最低薪酬）之比相掛鈎，高管賺得越多，企業交的稅也就越多。當然，這還要取決於證券交易委員會最終出台的"首席執行官—工人薪酬比例"實施細則。或者換個角度而言，向高管支付正常水平的薪酬待遇的公司，可以獲得一定比例的企業稅減免。

實施金融交易稅

短期的金融交易很容易引發經濟的異常波動，但對整體經濟利益的貢獻卻少得可憐。這些交易還使金融市場追逐短期收益，而忽視股東和利益相關方的長期利益。金融交易稅可以對短期交易小施懲戒，鼓勵長期持有，從而減少經濟的不穩定波動，刺激長期生產性投資。除此之外，在目前的市場狀態下，即便是非常低的金融交易稅率也會給政府帶來相當可觀的收入。[16]

1975 年以前，金融業曾向客戶收取固定比例的經紀費，其作用與稅收相差無幾。事實證明，該費用取消之後並沒有給金融市場帶來任何的好處，而倫敦、香港等金融中心都在實施不同形式的金融交易稅，也未對其金融市場產生任何負面效果，因此，若說金融交易稅的實施會給市場帶來巨大的破壞，那純屬無稽之談。[17] 在美國，許多經紀公司和投資機構都會向客戶收取高額的交易成本費，並且一直反對降低這一費用的相關法規的出台 (如，管理退休金賬戶的費用)。事實上，大家關注點的區別只在於該費用出自誰身上罷了。[18] 對於投資了 401K (退休儲蓄計劃) 的大眾投資者而言，金融交易稅不過增加一星半點的成本，國會應通過金融交易稅來鼓勵生產性投資。[19]

放權給長期利益相關方

目前的稅收機制對於刺激短期投資起到了很大的作用。現在，納稅人只要將資產持有一年的時間便可以獲得所謂的長期資本收益的稅收優惠，而短短一年的時間根本不足以對經濟產生實質性的正面效果。雖然資本收益的稅收優惠政策尚有些模糊不清，但是短期投機和短期行為的成本支出卻是歷歷在目。因此，應對短期資本收益施行附加稅，以彌補其造成的負面效應。

派翠克·博爾頓和弗里德里克·薩瑪瑪兩位教授在其最新著作中提出，公司自身應通過 "忠誠度份額" 鼓勵和回報長期投資者。[20] 公司可要求股東在持有股份達到一定時間之後，方可獲得額外的回報。這裏沒有萬靈藥，但通過對公司管理規則的調整，我們卻可以實現整體經濟的大不同。

要為優化企業的長期管理再獻計獻策的話，我們建議讓工人參加企業的管理，最好是讓員工代表加入公司董事會。此外，那些管理退休金賬戶的相關機構應帶頭行動，為賬戶持有者的長期利益服務。他們有義務迴避所有利益衝突，尤其是在工人的養老金方面，確保他們投資的企業均為管理有序、着眼長遠、善待勞工、保護環境的良心企業。

重新平衡稅收和轉移支付制度

改變美國的稅收體系在減少不平等、為美國人創造更為平等的機會方面有着巨大的潛在作用——因為美國在經濟合作與發展組織中收入再分配的比例排名幾乎墊底。[21] 稅收不僅可以為重要的公共服務提供收入來源，為經濟發展提供資金，還可以用來鼓勵造福於社會的經濟行為，抑制短期投機等不良行為。在過去的 35 年裏，按照供給學派的理論，我們對稅收體制進行了滾雪球般的修訂，結果卻是對上層人士實行了稅收減免和補貼，而將更沉重的稅收負擔壓在了廣大群眾肩上，忽視了最為重要的公共投資。

本書中提出的方案旨在利用稅法重建激勵體制，鼓勵工作，抑制尋租和投機行為。刪除那些扭曲了經濟發展、增加了不平等的特殊稅收條款，我們將絕大部分的稅收用於公共投資，如教育、基礎設施和科技，壯大我們的經濟實力，減少不平等，增加就業機會。這些改變明確地要求我們增加高收入者的邊際所得稅，結束資本收益的優惠待遇，以及加大這些政策的執行力度。

增加高收入者的邊際所得稅

正如我們在前面的分析中所提到的，對高收入者徵收較低的邊際所得稅不僅減少了公共收入，還鼓勵了尋租行為，扭曲了經濟發展。最高邊際所得稅率的降低不僅擴大了稅後收入的貧富差距，還促使高收入群體更加貪得無厭地尋求更多的收入分配，甚至將勞動收入偽裝成資本收入來避稅。[22] 改變這一狀況不僅可以增加稅收收入，還將提高稅前收入的公平性。

對於高收入群體而言，若沒有這些針對富人的優惠稅收條款，他們的收入將大大減少。目前的所得稅政策將最為優惠的待遇授予了最為富有的美國人。其他的稅種，如銷售稅、工資稅等則與之相反。許多稅收減免，如第二套、第三套房產的抵押貸款抵扣額，也都是為富人利益服務的。

增加最高收入人群的邊際所得稅，將稅收減免轉化為稅收抵扣，並且嚴格限制稅收抵扣的使用。對收入最高的 1% 人口增加 5% 的所得稅將在未來 10 年裏為政府增加 1 萬億 -1.5 萬億美元的額外收入。[23] 換個角度而言，如果對每個富人超過 100 萬美元的收入增收 5 萬美元的所得稅，那麼僅此項稅收收入便可使全美國所有的學前班和公立大學免費就讀。[24]

實行"公平的稅收"

資本收益和紅利（這些幾乎全部流入最富美國人腰包的收入）都在享受着稅收的優惠政策，這也是富人比普通納稅人交稅更少的重要原因。沃倫・巴菲特有句話曾轟動一時，他說自己繳納的稅率比他的秘書還要低。資本收入的集中情況比勞動收入要極端得多，美國最富有的 0.1% 人口比緊隨其後的 0.9% 支付的稅率還要低。[25] 與此同時，大多數美國人除了已經享受稅收庇護的退休金賬戶和出售房屋的收入之外，幾乎沒有任何的資本收入，自然與相應地稅收減免政策無緣。大多數美國人無法從資本收益的稅收優惠中獲取任何利益，卻仍要就其勞動所得支付全額的聯邦稅率。

"公平的稅收"已經成為廣為關注的話題，對所有形式的收入實行統一的稅率，不僅是促進公平公正，也是為了避免少數人試圖將收入轉化為稅收優惠的形式而大費周折，甚至降低了經濟效益的行為。

顯而易見，所謂資本稅的減免可以刺激投資的說法實屬謬論。[26] 資本收益所得稅率的降低的確刺激了投機，卻未能鼓勵勞動，而且該政策所耗巨大：僅 2013 年，美國政府就因推行資本收益的低稅率而損失了 1,610 億美元的稅收收入。而據國會預算辦公室的估算，這些收入的 90% 被全美最富有的 20% 人群所佔有，其中 70% 全部歸於金字塔尖的 1%。[27]

美國應該對資本收益施行與勞動收入相同的稅率。要遏制目前極其盛行的短期投資和短期行為，並鼓勵以長期投資取而代之，就應對短期資本收益收取更高的所得稅。理想的稅收減免應該是鼓勵特定形式的生產性投資的。根據目前的稅收規則，資本收益只有在兌現時才應繳納所得稅，這使資本的所有者可以無限延遲其繳稅的時間。美國政府應該制定一種"累積兌現"稅收機制，針對資本的增長徵收所得稅。

另外值得一提的是：繼承財產價值遞進原則應該被取締。該條款意味着一個人一輩子所有的資本收益直到其作為遺產被繼承，都無須繳納任何資本收益所得稅，意味着少部分富有家族可以將財富永久傳承下去，而不交一分錢的資本收益所得稅。

通過對企業海外收入徵稅刺激國內投資

根據美國目前的稅法，公司在海外的利潤只有在匯入國內時才需繳納企業所得稅。該條款實際上鼓勵企業將利潤留在海外，而非作為國內投資的資金。一些理論認為，美國應該僅對企業在國內的業務行為進行收稅，這更是有悖於我們的目標。許多跨國公司真正期盼的就是一場逐底競爭：美國要與其他國家爭奪投資，必須盡其最大可能地降低企業稅。

一個可行之法就是以公式化的方式取代目前的轉移價格機制，以一種更公平、更合理的方式向公司收取所得稅，根據它的經濟活動（包括銷售、生產、科研等），以在美國國內發生的比例為基準進行利潤分配並依此收稅。美國各州就是按照類似的辦法解決了公平稅收的問題，它們也建立了一套公式，對企業的銷售、僱員、資本等情況按比例在各州進行劃分，並依此收稅。

或者，美國可以建立一套全球收入的補充最低稅率，如要求美國公司對其全球利潤支付 10%-15% 的所得稅，並對支付給其他國家的稅收給予稅收抵免。如此，便消除了公司在國內和國外投資的邊際有效稅率的差別，取得了"稅收中立"的效果。隨之建立起來的稅收體制也將不再鼓勵企業因稅收原因將生產移至國外。

建立"促增長""促平等"的稅收政策

除了上述提到的方案之外，還有一些促增長、促平等的稅收改革方案既可以增加收入，又能形成良好的激勵作用。[28] 稅收的一條普遍原則（也稱為亨利‧喬治原則）應該對不具備彈性供給的事物進

行徵稅，如土地、石油和其他自然資源。19世紀，亨利‧喬治原則
的改革派指出，既然土地不會因為徵稅而消失，那麼增加對土地的
稅率，也不會給它的供給帶來任何實質性的變化，因而也不會對經
濟帶來負面的影響。[29] 以此類推，我們還應對破壞經濟的因素和行
為課以重稅。

　　正如收取金融交易稅可以遏制短期投機行為，並減少其對整體
經濟的負面效應，我們也應該對污染（包括碳排放）徵稅，以提高政
府收入，改善經濟效益。

　　要提高效益、減少不平等，最為顯而易見的選擇就是把扭曲了
經濟、僅為上層人士積累財富的支出統統取消。以農業補貼為例，
大多數金額都流向了少數富裕的農場或通過農場流向了幾家壟斷性
的農產品加工公司。具有類似情況的其他公司福利也不在少數。對
於政府所有的自然資源的銷售或租賃、對於公共專案下處方藥的採
購等採取非競爭性招標形式，都是擾亂市場秩序，影響市場效率，
造福少數富人的最佳實例。

拉動中層

　　上述的所有方案都直指同樣的目標：鼓勵生產性投資和勞動所
得，減少破壞性的尋租行為，尋求資源和資產的最佳社會效益。作
為重構平衡的一部分，針對普通大眾的經濟增長同樣至關重要，為
此，我們提出了造福國民的四大方案：

　　通過增加投資，實現未來的充分就業。

　　改革勞工市場，讓每個人都能從全力以赴的工作中受益。

　　消除勞工家庭尋找就業機會或尋求職業發展的障礙。

讓所有美國人都能獲得中產階級生活的必需品，為他們提供真實的經濟保障和機遇。

或許你已經注意到了，這仍然是一份關於投資的方案。我們投資於經濟，投資於工人，投資於全體美國人。無論是充分就業，還是受教育的權利，這都是政府作為投資者義不容辭的責任。所以，這些政策既為促增長也為促平等而生。人民擁有更多權利的同時創造更多的價值，這是造福經濟全局的好事。工人們可以獲得他們應得的報酬，每個美國人都能買到必需的生活品，從而過上充實和富足的生活。

以充分就業為目標

在"大蕭條"來臨之後的整整八年裏，經濟始終未能全力運轉。勞動力的參與程度大大低於 2000 年的水平——事實上，甚至低於 1978 年以來的最低水平。我們實際的生產水平與應該達到的生產水平相差甚遠。[30] 如果保持從 1980-2008 年的穩定增長，我們目前已經落後了 15 個百分點。對工人的需求不旺導致勞工市場疲軟，也使得工人工資水平停滯不前。只有更高的就業率和更快的經濟增長才能減少不平等，增加未來的發展潛力。在目前的低利率狀態下（政府借貸的實際利率甚至為負），我們更應該抓住這個難得的時機，進行恢復充分就業和促進長期發展的投資。

聯邦政府完全可以使用一些宏觀經濟工具來收緊勞工市場，促進充分就業。我們建議美聯儲將充分就業作為改革貨幣政策的主要目標，建議國會推動大的基礎建設投資以拉動增長。

改革貨幣政策，優先考慮就業

剛剛進入蕭條的恢復期，美聯儲便迫不及待地提高了利率，而此時的勞工市場尚未恢復元氣，工人們也還缺乏討價還價的底氣。作為一家為了應對 1907 年大恐慌而成立的機構，美聯儲過於關注低而穩的通貨膨脹，卻付出了充分就業、穩定產出甚至金融穩定這些慘重的代價。正是這種“物價穩定第一”的理念使得勞工市場 40 多年來一直處於疲態，工人工資的增長速度低於生產效率，工人在經濟產出中的份額持續下降。正如上一章所提到的，緊縮的貨幣政策對於低收入和弱勢群體造成的失業效應遠遠大於富有的少數人。[31]

美聯儲應該優先考慮充分就業問題，尤其是在工人工資的增長尚未完全擺脫大蕭條的影響之前，不應提高利率，即便這意味着通貨膨脹率可能會暫時突破其設定的 2% 的目標。事實上，大大高於 2% 的通貨膨脹率也不會使經濟陷入重重風險之中。相反，越來越多的人開始提出，更高的通貨膨脹率反而有利於引導經濟發展，促進對經濟結構的調整。與利率跌到貼近為零的長期蕭條帶來的災難相比，略高的通貨膨脹所導致的成本幾乎可以忽略不計。[32]

美聯儲不僅應重新調整目標，還應拓寬其使用的工具和方法。雖然做了一些工作，但還遠遠不夠。之前，美聯儲只關注短期利率，但如今我們意識到還有許多因素影響宏觀經濟表現，包括經濟穩定性。如果美聯儲能對掠奪性借貸施以更強硬的手段，那麼危機前的泡沫或許就可以避免。美聯儲應該採取宏觀審慎的政策穩定經濟。1994 年，國會曾授權美聯儲對抵押信貸市場進行監管，而它的監管失利很明顯是導致金融危機的原因之一。若能更好地管理盈餘，或許就可以抑制泡沫的產生。

美聯儲應將確保信貸系統有效運轉、有競爭力且不具剝削性作為自身的責任之一 —— 這也是增加貨幣政策有效性的必經之路。只有這樣，降低利率才能為借貸者們帶來更低的借款利息，從而實現我們刺激經濟的目的。美聯儲還應採取手段擴大信貸的覆蓋面，那麼即使利率降到了零以下，也能促進經濟發展。

我們也意識到，將維護宏觀經濟穩定的重擔過多地壓在貨幣政策上是我們曾經犯過的大錯，尤其是在 2007 年這樣極端的環境之下。貨幣政策只能在有限的範圍內刺激經濟發展，但同時也加劇了貧富差距，導致了失業增加，也加劇了未來波動的風險。在缺乏足夠的財政政策刺激的情況下，美聯儲的態度也算情有可原，但其中的風險也是我們必須認識和掌控的。

重振公共投資

我們已經重點探討了法律和規則的實施以及美聯儲等公共機構的管理對於經濟重構的重要作用，這些都是一直被忽視的話題。此外，政府財政支出的分配也往往會起到決定性的作用。公共投資的益處數不勝數，其中之一便是通過財政政策與貨幣政策相結合，實現充分就業。正如美聯儲主席珍妮特·耶倫所說，"隨心所欲的財政政策並未成為經濟復甦的巨大助力。"[33] 如今，關鍵性的公共投資可以為經濟的長期發展和就業增長打下堅實的基礎。

在激烈的全球競爭中，隨着技術的飛速發展，製造業就業機會的減少是大勢所趨，我們大可不必再經歷像巴爾的摩、加里和底特律那樣的城市沒落。政府應該幫助這些城市進行經濟轉型 —— 正如其他國家政府所做的那樣，也正如美國政府在其他時期曾經做過的那樣，扶持這些城市發展新經濟。面對過去遺留下來的不平等，我們可以努力發展高品質的學前教育，這種做法在很多國家已經取得了很好的效果。

對於教育、技術和基礎設施方面的公共投資與見利而上的私人投資是互為補充的。因此，當我們處於實際利率為負的特殊時期，及時進行戰略性的投資不僅可以為當下和未來經濟的發展鋪平道路，更有助於我們在發展經濟的同時實現共同繁榮。

投資於大規模的基礎設施改造

美國的基礎設施已經遠遠落後於很多其他國家。[34] 從機場、道路到能源、電信系統，落後於時代的基礎設施已經加大了商業的成本，影響了人們的日常生活，浪費了更多的時間，加劇了環境的惡化。[35] 要將不同收入水平的美國人輸送到本地或全球的就業市場，後面要提到的公共交通系統、網路寬頻等都起到了非常關鍵的作用。我們的基礎設施系統不僅破敗不堪，還分佈不均，許多地區和社區都被從社會中隔離開來，甚至見不到連通的希望。

我們的方案不僅立志於改造美國的基礎設施，還期盼通過部分尖端基礎設施的建設讓美國重新成為全球首屈一指的就業機會創造者，這是一個十年計劃。我們會制訂一份詳細的計劃，覆蓋航空、鐵路、公路運輸、公共交通系統、港口和內河航道、水資源和能源、電信系統和互聯網等。一些評估資料顯示，此計劃的投資大約需要 4 萬億美元——遠遠超出了目前討論的數字，[36] 但並未超出我們的支付能力。這些投資會回報我們以各種"紅利"，包括更具生產力的商業、數百萬計的新崗位、對能源和環境資源的可持續管理等。

在其他國家，大型基礎設施項目融資一直是公共設施銀行的強項，這些銀行在跨越州界的地區專案融資的作用尤為明顯。繼續沿着我們目前的道路前行會讓我們付出更大的代價：僅對這些 20 世紀的瀕臨淘汰的基礎設施進行小修小補勉力維持，而其他國家卻在不斷加大投資，建設和升級 21 世紀的新設施。今天的不作為會使美國未來的私人投資和就業市場風險重重，使得它們在競爭中失去優勢。

擴大公共交通的覆蓋範圍

只為回饋最富的美國人、不為刺激投資和發展的稅收政策種下的惡果之一就是老舊衰敗的公共交通系統。數十年來，美國縮減公共設施投資導致通勤成本的高企不下，那些低收入和中收入的家庭在承擔了過多的通勤成本之後，就業機會也隨之減少。

美國目前的公共交通系統遠遠滯後，其覆蓋面大約只有剛剛過半的美國人。[37] 對公共交通系統的投資關係到平等的就業和機會，也是經濟發展的重要驅動力。如果更多的人可以找到能夠發揮自身潛力的工作，如果他們都能在通勤上少花一些時間，那麼我們的生產力就會提高，人們的生活就會改善。

美國聯邦公路管理局的一項報告顯示，在未來十年裏，公共交通系統所需的總投資大約為 245 億美元。[38] 這其中包括彌補資本積壓的成本，更新和擴充公交系統、設施以及大眾通勤的軌道網等，以滿足未來所需。我們應着重關注那些最需要改善交通的社區，使那裏的人們可以順利地來往於商業中心，並獲得就業機會。

賦予職工權力

我們的目標是不僅要創造就業機會，還要讓工人們受到公正的待遇。說到美國工人工資的減少，法律和制度所發揮的作用遠遠大於全球化和技術進步等因素。美國人有權重新聽到工人們的聲音，恢復工作中的平等地位。

本書中提出的新規則，正是為了逐步增強工人們的話語權。難得一次的加薪並非我們的終極目標，我們要的是幫助工人們在工資、工作時間和工作條件等問題的決策上，享有和企業平等的、長期的話語權。我們可以重新聽到工人們的聲音，恢復工作中的平等地位，讓工人們獲得更公平的回報，讓他們更有機會建立起高績效的工作團隊。

接下來要探討的就是通過政策的實施加強工人們的話語權，提高工人的工資標準，這些政策主要包括政府訂約、嚴格執法和更高的最低工資標準。

加強話語權

作為美國公民，工人本身就擁有集會和請願的權利，但是在許多情況下，這些基本權利都因勞工政策的缺陷而無法行使，抑或是被僱主質疑其合法性，甚至直接認定為非法攻擊。《國家勞工關係法》的一大漏洞就是對試圖進行組織的工人施加過度的負擔和限制，而對僱主過分行為的懲罰卻不到位、不及時、不一致。[39] 要保護工人成立組織的權利，必須對國家勞動關係法進行戰略上的修訂。

該法案的另一個漏洞是允許僱主對工人成立工會的各個程式提

起訴訟，從而延誤工人的投票和工會的成立。美國勞工關係委員會最新發佈了一些修訂，意在重新對權利進行平衡，並且舉出了一些正面的實例說明該法案為應對目前的挑戰而進行的更新。

除了消除建立工會的法律障礙之外，該法案對於反對建立工會的僱主們實行的非法拖延、恐嚇等行為也施加了更為嚴格的懲罰措施。公司若要阻止工會的成立，只要解僱相關工人即可；如果被舉報違反了《國家勞工關係法》，公司只需重新請回被解僱的工人，並且補發工資。這條看似簡單的修訂，卻因為相關部門的不重視，而花費了三年的時間才浮出水面。

此外，為了適應工作場所中不斷變化的新情況，還應對法律制度進行修訂。如今的企業早已不是《國家勞工關係法》起草者們想像中的大型製造商了。像沃爾瑪這樣的大企業，都是通過外包和分包來聘用員工，對員工關係幾乎不承擔任何責任。法律學者們已經設想出新的模式來定義企業和員工的關係，並對現代化的企業環境做出明確的責任劃分。這些特定的方案重新定義了談判單元、僱主、次要行為以及聯邦政府在已過時的舊經濟體下定義的全部術語。在加利福尼亞州的一起勞動糾紛案中，沃爾瑪被認定為全供應鏈上所有員工的記錄在冊的僱主，並要求其對分包商扣減員工薪酬的行為負責。[40]

政府設定標準

任何旨在改變工資和工作環境的法律都很難通過和執行，但是政府部門——尤其是較為靈活的市政府——可以利用訂約和許可等有效的方式對私營部門施加龐大的影響。對於合夥企業和私營部門，政府部門可以在政府合同中增加對工人有利的條款和納稅人出資的發展補貼，從而增加工資，提高勞工標準，減少歧視。

在洛杉磯的案例之後，聯邦政府、州政府、地方政府、市政府都應將政府合同僅授予那些滿足高勞工標準、採用嚴格的反歧視／促包容的僱傭政策的企業。這種機制要求合同方必須能夠提供基本生活工資、安全的工作環境和平等的晉升機會，並且定期提交自檢報告。這種做法不僅能改善企業內部的工作環境，還能通過對工人和合同的競爭提高整個行業的水平。[41] 奧巴馬總統將聯邦政府合同的承包商的最低工人工資提高到 10.10 美元／小時的做法實際上就與我們所提的方案類似，只是影響還不夠深遠而已。

增加執行勞工標準的資金，加大懲罰力度

近幾個月來，我們總是可以聽到一些關於工人們無奈無助的故事，即使是在僱主極其惡劣的行為面前，他們也依舊無能為力。低收入的工人們常年面臨剋扣工資、不合理地扣留工資等各種不公正待遇，卻找不到尋求幫助的途徑。懲罰不給力、執行不到位使得問題進一步嚴重，也使全美國那些最為弱勢的工人們愈加失去保障。

自 1980 年以來，負責執行最低工資標準和加班保護的美國勞工部的薪給和工時司已經流失了 1/3 的檢查員，而與此同時，全美國的勞工數量卻整整翻了一番。[42] 自 2009 年以來，該部門已經償還員工剋扣工資 11 億美元，足見問題的嚴重性。[43] 我們應該對工人收入情況給予重視，國會應增加該部門的預算以適應勞工市場的發展，尤其應關注低收入工人以及較為普遍的剋扣工資問題。

遺憾的是，對於最低工資和違規加班的懲罰仍不足以對這些行

為形成威懾。工人們難以對企業違規行為進行舉報，再加上執法的鬆懈，都助長了企業無視《國家勞工關係法》的氣焰。如果能夠設定公開的最低工資和違規加班的定罪標準，違法企業就會面臨更加現實的威脅，企業管理者在進行上述行為時就不得不三思而後行了。

提高最低工資標準

如今的最低工資標準已經大大貶值。近期研究表明，按照目前探討的標準提高最低工資水平不會給就業市場帶來任何實質性影響。在總體需求不足的狀況下，提高收入很可能會刺激經濟發展。這些年來，不僅政府對最低工資標準無所作為，導致其一度跌破了1968 年設定的薪資中位數的一半，甚至越來越多的家庭經濟支柱都陷入保護不足的尷尬境地。最低工資標準的提高可有效地減少貧困勞動者，尤其是改善婦女和她們的家庭困境，幫助那些靠最低工資度日的弱勢群體。[44]

我們建議儘快提高聯邦最低工資水平，並將各州、各地區的最低生活工資提高到足以回報人們的辛勤工作的水平上來。同時，那些靠小費生活的工人，也應和所有其他工人一樣，享受到這微不足道的最低工資標準。

提高強制加班的收入門檻

羅斯福新政中的《公正勞動標準法》規定，每週工作時間超過 40 小時的工人應獲得加班工資，金額為其正常時薪的 150%。但是，該法案也將一些人排除在外，如總經理、公司高管、出差的銷售人員等。為了確保該法案的基本覆蓋範圍，勞工部會定期發佈一些規則，對所有員工都應獲得的加班收入門檻進行規定。

目前的門檻水平為 455 美元／週，或 23,660 美元／年，這還是 2004 年更新後的結果，但只覆蓋 11% 的工薪僱員。[45] 1975 年，65% 的工薪階層都能享受到這一加班規定；如果將 1975 年的門檻值按照通貨膨脹的比例進行計算，到 2013 年，應至少有 47% 的工人可以拿到加班費，而非 11%。[46] 要幫中產階級找回這一重要的收入來源，勞工部應提高加班收入門檻，以確保大多數工薪階層都能享受這一待遇。

拓寬勞動市場就業途徑及晉升空間

婦女和有色人種在工作中面臨的挑戰不僅僅來源於個人種族主義和潛在偏見。事實上，正是數不清的規則和政策交織成一張結構性的種族主義網，其中包括對少數族裔社區的貧乏的公共投資、吹毛求疵的治安執法、歷史上的排斥隔離等，都使得有色人種與就業和致富機會漸行漸遠。同樣，類似的一張權力和制度網也使婦女們難以實現職場上的平等。

我們要為 21 世紀的勞動力創造成功和晉升的機會，而婦女和有色人種是勞動力中不可或缺的重要組成部分。我們建議採取一些優先政策，向根除勞動力歧視和改善全美工人境況邁出一大步。首先必須廢除那些明確阻止有色人種參與工作中的平等競爭的法律制度，包括惡名昭彰的監禁系統和千瘡百孔的移民制度；還要拓寬就業面，對職業女性和她們的家庭給予全力支持。消除這些就業障礙將為上百萬人創造新的就業機會，也將大大提升整體的生產力。

改革刑事司法系統，降低監禁率

美國的人口監禁率為全球最高，這不僅給個人和家庭帶來了高額的成本，也影響了經濟的整體表現。大規模監禁引發了各種社會反應，尤其是對孩子、家庭和有色人種的影響，已經提上了他們的政治議程。這些事一言難盡，本書中難以詳表。我們要說的是，230 萬被監禁人口 —— 全美國成年人口的 1%（全美國非裔人口的 2.3%）—— 對於經濟全局的惡劣影響。[47] 建議推行改革，縮短強制性最低刑期，改進法律代理，削減不合理徵稅。

除了維持全球最大的監獄系統所需的巨額費用之外，大規模監禁還直接減少了就業機會和工資水平，使得很大比例的人口要依賴公共援助得以生存。維拉司法研究所的一項研究表明，2010 年，監禁每個囚犯的公共成本超過 3.1 萬美元。對於那些曾經被監禁，出獄後不得不面臨更低的時薪、更少的就業機會和更低的年收入的人們來說，監禁的代價更是終其一生都無法還清的。而這樣的沉重負擔大多落在了有色人種的成年男子身上。[48]

就業不足的一個主要原因就是對罪犯的就業懲罰。根據一項研究的估算，僅 2008 年，犯罪記錄和重罪判決使全國成年男子的就業率降低了 1.5%-1.7%。[49] 對於一段時間內不再犯罪的公民，國會應消除其相關犯罪記錄，使他們在重新就業時不必再背負舊日的負擔。

強制最短刑期對有色人種迫害最深。美國量刑委員會向國會的報告中提出，2010 年，受到強制最短刑期判決的非裔和拉美裔佔到了總數的 69.8%，[50] 解決這一問題也能有效地減少國家量刑規則中存在的不平等。國會還應儘早授予法官放棄強制最短刑期的權力。司法部應儘力尋求監禁之外的其他懲罰方式，找到更好的方案應用於聯邦和州的各個層面。

　　沒有出色的律師做法律代理，也常常是窮人們受到不合理的嚴酷判決的主要原因。根據布倫南司法中心的研究報告，只要各方全心協力對無須監禁的罪行進行重新分類，增加公益辯護的基金，對律師和社工進行定期的培訓，就可以確保公眾享受公平的法律代理。[51]

　　不僅如此，刑事司法系統各個層面的巨額費用，也給窮人們增加了更為沉重的經濟負擔，也在一定程度上為他們再次犯罪埋下了伏筆。整個社會需要共同努力，根據人們的支付能力進行討債，免除公益辯護的費用，對於那些首次未能全額償還的人免收累計的相關費用。

修改移民法，提供公民路徑

　　據統計，有超過 1,100 萬名未登記在冊的移民生活和工作在美國經濟的隱蔽之處，在全美的各個角落從事各行各業的工作。[52] 自行離境和大規模遣返顯然不是最好的可行之道。美國這一破敗不堪的移民制度不僅殘酷地拆散了家庭，還使企業面臨勞動力供給的不確定風險，而社區對非法移民的剝削也拉低了整個勞動力市場的工資水平和工作條件。美國公民和外來工人要求平等待遇和支付拖欠工資的行為尚且常常受到企業的打擊報復，更何況毫無求助途徑且常常受到遣返威脅的非法移民了。移民和海關執法署最為擅長的事就是對工人提出的工作環境和剋扣工資問題進行冷處理。[53]

　　要帶領非法移民走出陰影，充分發揮他們對於就業、創業、稅收的貢獻，聯邦政府應該為已經來到美國的人們提供一條可以獲得公民身份的路徑，簡化審批流程，鼓勵新的移民源源不斷地來到美國，為我們的經濟發展作出貢獻。除了這條路徑之外，沒有其他方式能夠從根本上解決非法移民被剝削的問題，但是我們可以採取一些措施，逐步改善非法移民的境況，幫他們融入我們的經濟和社會中來。

第一步就是停止對罪犯之外的非法移民進行遣返和拘留，賦予這些在美國工作、學習和服務的家庭以合法地位。

第二步是對執行移民法的各個政府部門進行更好的協調，儘量不破壞人們工作和生活的現狀。這就意味着美國移民和海關執法署應向勞工部做出讓步，確保那些膽大妄為的企業不能再以報官進行現場突擊檢查和遣返來對非法移民工人施以威脅。[54] 第三步，國會應有所行動，將勞工法的覆蓋範圍擴展到所有美國的勞動人民，無論其是否登記在冊。任何一個在美國誠實勞動的人都不應該喪失應有的保護——只因他缺少一紙檔的緣故。

帶薪病假合法化

目前，大約 40% 的勞動力享受不到任何的帶薪病假。至少 4,300 萬名就職於私營單位的員工，只要請一天病假休息或照顧家人，都會面臨被辭退的風險。事實上，許多州和地方都已經實行了帶薪病假政策。在首個實行帶薪病假的康涅狄格州，近期的調查顯示，有 3/4 的僱主支持這一政策；在三藩市，這一政策贏得了 2/3 的支持，而在西雅圖，支持率則達到 70%。[55] 聯邦立法應將這一政策推廣到全美各地。

家庭假合法化

美國是世界上唯一一個沒有全國範圍的立法支持新晉父母們休帶薪產假的國家。許多經濟合作與發展組織國家支援 52 星期的帶薪產假，而且父親和母親都可以享受這一待遇。[56] 美國在帶薪產假方面的制度欠缺使婦女們喪失了更多的就業機會，也使為人父母者難以抽出時間來照看年幼的兒女。

這些人性化的資本投資對於兒童成長有無可估量的作用，這是有據可查的事實。[57] 不僅如此，優待初為人母的職場女性還能夠增強她們對工作的投入和參與度，從而促進生產力的提高。[58] 一份來自經濟合作與發展組織的調查顯示，15 星期的帶薪產假可以為生產力的提高起到顯著的作用。[59] 此外，男士陪產假的規範化不僅可以讓男士更多地參與家庭生活，也能夠使工作場所面目一新。

美國應該效仿全世界其他國家的成功經驗，制定聯邦範圍的家庭假政策。首先，所有工人都可以享受家庭假；其次，男士和女士也都可以享受家庭假。要真正實現工作和生活中的男女平等，那麼在照顧孩子的問題上，男士和女士就應享受同等的保護。最後，家庭假政策還應對懷孕的員工提供就業保護。

在社會安全局設立獨立的信託基金，募集資金並為工人們提供福利，這或許不失為一種有效的模式。無論企業規模大小、組織形式如何，每一名員工都能享受到這一福利待遇，生病、懷孕、產後恢復、生育和領養，孩子、父母、配偶遭遇重病，兵役等情形都可享受相應的帶薪假期。[60]

實行育兒津貼

美國不僅家庭假的立法落後於其他國家，對於育兒方面的規定也比許多先進國家滯後得多。這不僅關係到兒童切身利益的大事，也關係到能否充分調動職場女性的工作積極性。

一套完整且有效的育兒制度，應該向不同收入階層的家庭提供從孩子出生到上幼稚園的全方位支援。對於低收入家庭，通過家訪或者早教機構提供兒童早期教育幫助，縮小孩子的成績差距，增加母親的收入。對於中產階級家庭，提供多方面的育兒支持，幫助母親重返職場，通過政府補貼使家庭擺脫昂貴的幼兒託管費用，解除後顧之憂。

為全美所有家庭提供價格適中的育兒服務，國會應以此為長期目標，以拓展現行且有效的聯邦和各州的專案為起點。擴大現有的育兒政策和項目不僅可以在養育子女方面助父母一臂之力，還能幫助他們繼續留在職場奮鬥，既造福了家庭，又有利於經濟大局。

促進同工同酬

儘管《同工同酬法案》已經通過了半個世紀之久，婦女在各行各業的收入仍比男士們稍遜一籌。根據我們 2014 年做的初步統計，就週薪而論，男士每掙 1 美元，女士大約掙 82 美分。這種同工不同酬的現象對於有色人種的女士而言就更為明顯了。白種女士的平均收入大約是白種男士的 78%，而非裔女士為 64%，拉美裔女士則更低，僅為 56%。[61]

消除收入差距的制度障礙是個全方位多角度的難題，其中包括上一節所提到的提供育兒補貼和家庭假期，以及其他一系列的相關措施。不過，同工同酬最為明顯的障礙就是大多數美國工人要麼對此無動於衷，要麼已簽訂了協定，不允許與同事討論薪酬一事。

保護婦女享有生育健康服務

婦女們要真正享受經濟活動帶來的利益，必須有權對自身的健康問題做出決定，可以享受到優質且價廉的護理，可以對新生命的降臨做出安排，可以健康地孕育和生產。舉例而言，聯邦政府唯一一項致力於提供廉價的計劃生育服務的專案，已經有數十年處於資金不足的困境。這項投資的回報其實是超乎想像的：最初根據1970 年《公共衛生服務法案》成立的某某計劃生育項目，在 2010 年每投入 1 美元，就可以為納稅人節省 7.09 美元之多！[62] 因此，我們應確保每一位婦女都能享受到所需的計劃生育和生育健康服務。

增加經濟安全和機會

對於如今的許多美國人而言，缺少安全感的根源在於中產階級的生活離他們越來越遠。美好的生活是離不開金錢的 —— 對子女的教育、家庭的穩定、以備不時之需的儲蓄、在合適的年紀退休養老 —— 這些卻是他們越來越承受不起的東西。

我們提出的方案就是要解開美國家庭所背負的財務枷鎖。我們努力擴大早期教育和大學教育的覆蓋面。通過降低醫療費用，使家庭免於疾病引發的滅頂之災。我們還希望通過改革使所有家庭都能獲得融資管道，並進一步擴展社會公共福利計劃。最後，我們還建議對選舉制度進行改革，使每個美國人都能在我們的民主制度下行使自己的權利。

通過兒童津貼、家訪、學前班等方式投資兒童早期教育

對兒童早期教育的投資是人類發展和提高生產力的重要策略。那些經實踐檢驗有效的項目應優先獲得真實的資金投入，真正為 0-5 歲兒童創造成功的機會。

處境最為艱難的孩子們應優先享受該項基金的援助：22% 的美國兒童生活在貧困之中，其中包括 39% 的非裔兒童和 32% 的拉美裔兒童。[63] 童年時代的貧困會對孩子的一生產生深遠的影響，這已經是毋庸置疑的事實，而適當地介入可以打破世代貧困的惡性循環。我們的社會日益富有，是時候對孩子們做一些長期投資了。

關注兒童健康和教育的項目都是至關重要的長期投資。數不清的抽樣調查均表明各州設立的"母親、嬰兒、早期兒童家訪項目"是對納稅人的錢最為有效的投資。[64] 家訪專案指導新媽媽們養成良好的教育習慣，如經常對寶寶說話、堅持母乳餵養等，使出生於貧苦家庭和富裕家庭的孩子的差距越來越小。對這些優質專案的調查顯示，參與這些專案的媽媽們更容易重返職場，更容易脫離政府的援助自食其力，[65] 也常常為家庭創造更美好的生活，而這些家庭的孩子們也為入學做好了更充分的準備。[66]

另外一項造福全美兒童的方案，就是為擁有 18 歲以下兒童的家庭按月提供免稅的助學金，幫助他們分擔養育孩子的部分費用。許多其他國家已經成功地實施了此類項目，並在很大程度上減少了兒

童貧困，我們不妨也效仿一下。例如英國最近實施了一系列反貧困措施，包括針對全國兒童的專項福利，將貧困兒童的比例減少了一半以上。[67]

來自不同收入水平家庭的兒童，都可以受益於各州和各地區已經實施的各種資助計劃，和學齡前兒童的各種優質教育專案。在聯邦層面上，國會應儘早將學齡前育兒補貼的資助擴展到所有適齡兒童。這需要花費 665 億美元，但卻可以使 1,200 萬兒童從中獲益。[68]

增加公共資助，調整助學貸款，加大對營利性學校的審查，擴大高等教育的覆蓋面

高等教育是經濟發展的基石。遺憾的是，越來越少的公共支持，和越來越多的以剝削弱勢群體為目的的監管不足的營利性學校，大大減少了美國勞動力受教育的機會。我們建議增加公共資助，通過制訂以收入為基礎的還款方案調整助學貸款，修訂《破產法》，加大對營利性學校的審查力度。

自第二次世界大戰以來，美國一直堅持為前線返回的士兵提供免費的教育，即便是負債率超過了希臘的 2010 年也不例外。《退伍軍人法》曾為我們創造了一個中產階級的社會——這在全世界尚屬首例。[69] 如今，許多人聲稱雖然我們更富裕了，卻也不該將錢花在這些並不昂貴的項目上。這是大錯特錯了。我們應該清醒地認識到，如果不能讓所有的美國年輕人都獲得他們應得的教育，讓他們靠自己的天分和能力生活，那麼這樣的後果才是我們真正負擔不起的。

一直以來，我們一直努力通過稅收抵免為中產階級增加教育機會，並為貧困階層提供教育補貼。但這些方式並沒有達到理想的效

果。我們不妨從總統最近頒佈的免費社區學校計劃開始，後面要做的還有很多。我們的年輕人在研究型大學裏接受高等教育，畢業後從事的研究工作不僅推動了商業的創新，也改變了我們的生活。接受教育和從事研究工作是密不可分的，正是二者的有機結合為我們造就了世界一流的大學和教育體系。但是，研究是為了全國的公共利益而進行的（甚至可以說是全世界的公共利益），因而必須由國家來資助。隨着高素質人才的流動性越來越強，能夠挽留住一批有知識、有技能的員工作為我們的人才儲備，這也是全國的公共利益所在。我們的教育相關政策也應反映出這一趨勢。

　　1 萬億美元的助學貸款不是個小數目，[70] 它已經對人們的生活產生了潛在的影響，尤其是對那些只因收入太低，而不得不放棄公益性工作的人們，和那些出於經濟原因不得不推遲成家的年輕人。接下來，政府可以效仿澳洲的先例，採取以收入為基礎的還貸模式，將未來收入的固定比例作為還款的主要來源。學生們可以以代扣代繳的方式完成還貸，不僅操作簡單，而且手續費更低。

　　恢復對助學貸款人的保護也是非常重要的一步。研究表明，免除對助學貸款人的破產保護，尤其是根據《2005 年破產濫用及消費者保護法案》進行的政策修訂，對於減少破產申請沒起到絲毫的作用。[71] 而那些背負貸款的窮苦學生不僅壓力倍增，向銀行保險箱裏輸送的血汗錢也越來越多。政府應該恢復上述的保護措施。

　　支付能力只是一個方面。我們還要確保學生們能夠受到高品質的教育，以使他們成為 21 世紀的有為公民。改進教育水平的一項勢在必行的措施，就是對營利性學校進行嚴格審查，這類學校往往享受政府提供或擔保的資金，卻未能向學生提供高品質的教育。營利性學校收入的 87% 來源於政府或各州提供的資金，包括助學貸款和佩爾助學金計劃。它們只收錄了全美 10% 左右的學生，卻花掉了教育部 25% 的學生資助計劃基金。研究表明，營利性學校的學生表現明顯差於社區學院，畢業成績更低，就業情況也更不樂觀。[72] 教育部已經按照現有的標準對營利性學校的畢業生進行了審查，結果確實不盡如人意。我們應該建立一套完整的制度，對所有接受聯邦資金或擔保貸款的教育機構提出相應的要求 —— 這才是向着正確方向邁出的堅實一步。[73]

提供廉價的全民醫療服務

說到控制醫療成本，為每個人提供高品質的醫療服務，市場並沒有起到理想的作用。醫療系統中充斥着大量市場失靈現象，對此，經濟學家們也做了大量的研究，其中包括資訊不對稱和不完全競爭。

醫院、醫生、保險商所處的市場環境幾近壟斷。[74] 病人們既不能就他們所需的醫療服務獲得專業的醫療建議，以便他們進行必要的成本效益分析並做出選擇，也無法獲取價格資訊，以便貨比三家。醫療服務的供給和需求方全部由醫療機構所主宰，完全以市場為導向的醫療系統使美國人幾乎在醫療的各方面都不得不支付比其他發達國家更為高昂的價格，即便《平價醫保法》已經使我們向前邁出了一大步，但仍有 12% 的美國人處於醫保覆蓋範圍之外。[75] 我們雖然花了不少錢，對於改善醫療的目標卻收效甚微。

我們建議以正在進行的醫療系統改革為起點，控制全國醫療費用支出，同時改善醫療品質，全面減少不平等現象。

與私營保險公司相比，醫療保險在控制醫療成本和提供高品質服務方面一向是有口皆碑的，也因而成為最受歡迎和成功的公共政策。但享受醫療保險的只有風險最大、花費最多的病人：老年人。

對所有公民開放醫療保險，除了可以讓更多人享受到高品質、低成本的醫療保險計劃之外，還有以下三大好處：第一，醫療保險進入保險市場，可以引入競爭從而降低人們繳納的保費；據估算，市場競爭的加劇可為人們節省大約 11% 的費用。[76] 第二，與私營保險公司相比，醫療保險被更多的醫療機構所認可，可以為患者提供更多的醫療選擇，而不用僅限於某些項目限制極為嚴格的特定醫生和醫院。第三，將醫療保險引入競爭，還能促使企業從《平價醫保法》規定的市場上購買的醫療保險計劃向着醫療保險的水平和效率不斷改進。

要將醫療保險面向所有人開放，必然要對其進行一定的調整，包括對醫生、醫院和處方藥的覆蓋範圍進行整合，還要根據老年人之外的患者需求，擴大醫療服務提供商的範圍。

通過郵儲銀行擴大銀行服務範圍

大約 9,300 萬美國人——佔人口總數的 28%——從未或極少進行銀行業務，且該數字一直保持穩定。[77] 在現代經濟中，支付系統是人們生活和工作所必需的服務設施，而許多美國人卻不得不為此接受不公正的掠奪性條款。他們根本不知道在那些令人眼花繚亂的合同中是否隱藏着對其不利的條款。想想金融危機餘波中曝光的那些違規和濫用的做法，他們的擔心也在情理之中。

我們建議授權郵政業務開展"明信片"般的借記卡服務，只收取最低服務費，並為消費者提供最大的保障。其規模和大小足以幫助公民們有機會和有效率地實現財富的積累，還能刺激銀行和貸款者摒棄混淆視聽和掠奪性的做法，通過降低成本和提高服務來參與競爭。使用電子支付系統用於接收社會公共福利和其他收益的"直達運通卡",就是一個成功的典範。

由於新卡只收取接近成本價的低手續費,商家們也會因此受益——借記卡和貸記卡公司日進斗金的日子自然是一去不復返了。商家們的低成本會以低物價的形式傳遞給普通消費者,因此,看似針對美國銀行系統的改革,實際上卻能匯流成整體經濟的大利所在。

為住房貸款提供公共選擇

金融危機過去七年了,住房信貸市場卻依舊是千瘡百孔的老樣子。2006 年,私募證券(而非房利美或房地美)提供了半數以上的按揭擔保,而危機之後,這一比例降低到了不到 5%,[78] 且至今毫無起色。公共機構仍舊承擔着絕大部分的常規抵押貸款。私人市場表現平平,只承擔了一小部分的住房貸款。考慮到未來可能發生的救市行為以及監管能力不足等問題,國會創建公私混合系統的努力也被擱置。若要求銀行承擔抵押貸款,它們就必須承擔相應的風險,如承擔自身貸出的不良貸款的後果,因此,銀行對此也都是敬而遠之的。金融危機之後的各種訴訟所暴露出的欺詐、能力不足、過失等問題甚至遠遠超出了評論家們的想像。沒有來自該行業自身的改革來重建抵押貸款系統,華爾街很難實現對自身的監管。

許多私營部門希望重啟曾經深受它們歡迎的老系統,以政府作為它們借貸行為的擔保支持。作為立法者,應該努力在住房市場建立明確的公共機構,而不是推動以聯邦支持、補貼、隱性救助擔保為依託的私營抵押貸款系統。私營部門更擅長於剝削普通勞動人民,但對於設計金融產品,幫助他們管理房屋所有權相關的風險方面卻始終略遜一籌。運轉不靈的住房信貸系統使人們無法通過人生中的重大投資實現財富累積，不僅要花高價租房，還不得不放棄人們投資建設家園——不僅僅是房屋——所應享受的社會資本。

衡量優質抵押貸款的關鍵資訊就在國稅局的記錄和產權登記處的公開領域，隨時可查：個人收入記錄、類似房屋的價格等。我們也清楚知道，對於 21 世紀的新技術而言，處理這類資訊的成本根本微不足道。

建立 21 世紀的住房信貸系統可謂眾望所歸——包括政府置業代理機構——除了使用現代科技之外，我們還要從其他國家借鑒相關經驗，開發出最適合於普通公民掌控風險的金融產品。最終，我們會實現低廉的交易費用和獲得有效的風險管理產品——與曾經出現過的產品不同，不再縱容金融業追求高昂的手續費（交易費用）和對各類群體進行不同程度的剝削。新制度不僅能夠提供更好的金融產品，還能將費用降低到略高於國債的利率水平。

新機構提供的住房貸款會將相關利益清楚明白地交給貸款者——對於普通大眾而言，這種支持遠勝於將政府補貼交給私營機構的滲透方式。只要構建合理，這一公共選擇可以輕而易舉地提供新世紀的抵押貸款金融系統，這不僅能為困境中努力前行的家庭帶來希望，也是安撫我們動盪不安的經濟的一劑良藥，還能引入競爭，促使私營金融機構更好地履行其應盡的職責。

通過減少交易成本和對退休人員的剝削增加退休保障，擴大社會保障

依賴私人儲蓄的退休體系終究是薄弱不足的。在可以預見的未

來，會有越來越多的美國人面臨退休後積蓄不足的問題——這不僅僅是退休人員自己的問題，也是關係經濟大局的問題，因為他們的消費能力與貧乏的退休工資緊密相連，他們也有可能依靠其他家庭成員的收入生活，又或者完全依靠社會福利。

我們應當通過減少交易成本和對退休人員的剝削來加強退休保障系統。在社會保障中增加公共選擇，如額外的年金等，不僅能夠促進競爭，降低成本，還能提高服務水平。

從龐大的養老金池向個人賬戶進行的養老金支付使得管理費用大大上升。研究估算，平均每個 401(K) 的參與者都有 1/3 的收入用於支付這一費用。[79] 而過去 20 年來，資產管理費一直在華爾街的收入榜上高居榜首。[80] 其實只要對規則做一個小小的改動，要求基金經理們遵守信託標準，就能使我們朝正確的方向邁出一大步。

當然，我們能做的不止這些。我們可以要求那些符合稅收優惠待遇的養老金賬戶免收額外的交易費用。要求任何賬戶的費用都不得超過表現最為優異的指數基金，除非有明顯的風險調整後的高收益。（所有額外費用都應暫時進入託管賬戶，直到該輪優異表現結束，如 10 年的時間。）此項改革還能同時減少對儲蓄者的剝削，從而避免他們的退休收入遭受巨額損失，減少不平等，減少經濟中盛行的短期行為。

以社會保障形式存在的公共退休儲蓄系統始終堅挺有力，其管理費用只是私營機構的幾分之一，且社會保障的受惠者可免受股價波動和通貨膨脹的影響。社會保障系統面臨的最大困境是預算問題：它能否自負盈虧，維持運轉。可以説，這取決於眾多變數，這也要求我們在一個時間段內，如未來 50 年，不斷地對其進行改進。所謂"與時俱進"並非難事，我們有很多方式可以進行類似的改進。

比如，限制社會保障收入上漲的薪資上限，我們可以將其去除。此外，政府還應提供自願的公共退休計劃，作為對社會保障的有力拓展和補充。該計劃與私營個人退休金賬戶的運營模式相似，但作為公共計劃，自有許多額外的好處。最為直接的益處就是交易費用的大幅降低和被剝削機會的大幅減少。政府也得為貧困者提供適當的補助 —— 這與目前毫無原則地補貼富人的機制完全相反。該計劃作為退休生活的公共選擇之一，無須補貼，但卻可以推動私營機構的競爭和標準的提高。最後，所有的美國人都將從金融業的真正的競爭中得益。

改革政治不平等

本書中所提出的各種大刀闊斧的改革以及各種針對財富和收入不平等的措施既關乎政治意願，也關乎經濟利益。經濟形勢下財富的集中醞釀出了民主制度下權力的集中。結果就是，富人得益的政策受到了深度關注，而造福於窮人和中產階級的政策卻無人問津。[81]

今天，我們的民主制度中的確存在着不平等：高收入群體參與投票的機會遠遠多於低收入群體，競選活動的資金也由一小部分贊助者控制，他們對於競選活動的影響力超乎我們的想像。[82] 要建立更具包容性的民主政治，必須採取一系列的改革措施，其中兩項對於在民主制度中建立平等發言權最具潛在效力：

一是簡化選舉制度。目前的選舉機制不利於公民的充分參與，各州制定的規則為選舉設立了層層不必要的障礙，如複雜的選民登記程式、現場投票、工作日投票、漫長的等候時間、煩瑣的身份確認程式等。我們應建立一套適用於全美國的聯邦選舉機制，包括：

1. 選民自動登記系統，可適用於全國各地，無須另行註冊，也省去了選民身份確認的複雜程式；2. 可通過郵寄的方式投票，可提前投票，可在多天內進行投票；3. 設立週末的選舉日，或是全國選舉假；4. 在能夠確保網路安全的情況下實行線上投票。

　　二是建立選舉活動融資系統，儘量避免其受若干大贊助商的控制。要通過憲法修正案使國會有更多的空間對選舉活動融資法進行改革以增進政治平等，這無疑將是一個漫長的過程。但即便是在目前的法律框架之下，也同樣可以且必須建立一套能夠滿足小贊助者的政治訴求的公共基金制度。根據這一制度，候選人只要募集到小額的選舉資金即可參與選舉公職的競爭，而不必過度依賴富人們的捐贈。

　　要進行的改革還有很多，如要求股東們投票支持有政治貢獻的一方等。本書中重點強調了經濟方面的改革，這是重塑美國經濟夢的必經途徑。但我們的民主願景也是美國夢的重要組成部分，掌管著政治流程的規則和體系所導致的各種不平等，也是我們着力要改變的。

結　論

　　我們的經濟是一個龐大而複雜的系統，要解決該系統中存在的問題，必須以修復經濟整體為目標。2008 年的金融危機和隨之而來的大蕭條暴露了舊經濟體制的眾多缺陷；新的研究和見解認為，平等與經濟發展是互為補充而不是互相掣肘的。我們再也不要做出錯誤的選擇了：在目前的環境下，改變的過程必然伴隨着陣痛，但至少我們可以選擇重構這些規則。我們可以重構政府、企業和勞動力之間的平衡關係，創造人人皆可獲益的經濟形勢。以羅斯福新政的創新之處為起點，我們將抑制最為富有的 1% 人群的財富增長，建立能夠為中產階級提供安全感與機會的規則和體系。

附　錄

近期不平等趨勢概況

對於大多數美國人而言，管理各自家庭的經濟狀況已經成為一項愈發艱鉅的任務，他們根本無暇顧及那一小撮精英人士是如何在過去的數十年間迅速積攢出巨額財富的。在我們看來，這兩種趨勢之間有着不可分割的聯繫——都是那些操控着經濟運行的規則、法律和政策變革的產物。

美國的經濟已經不再是服務於大多數人的經濟了。大量經濟資料都在告訴我們這個事實：僅有一小部分人口將經濟成果的大部分份額搬回了家，而大多數人則拿着停滯不前的工資，承受着不斷增加的經濟壓力，努力維持着中產階級生活的表象。

事實上，美國的不平等狀況遠比經濟界、政治界或普通大眾看到的嚴重得多——即便是最常見的統計資料也未能真實地反映出這一問題。不僅不平等現象已經上升到了其他發達國家從未企及過的警戒線，個人通過勞動致富的美國夢也開始變得越來越縹緲起來：不平等和貧富差距的加大伴隨着經濟上行空間的日漸萎縮。大多數人辛勤工作，卻始終難以成功——除了薪資停滯不前之外，還有很多指標都清晰地指向這一事實。

　　若從 1980 年算起，工人的平均時薪在考慮了通貨膨脹之後，年增長率僅為 0.1%；2000-2013 年，家庭實際收入的中位數竟然降低了 7% 之多。[1]

　　雖然聯邦貧困線簡單劃定了人們的基本需求標準，但仍有 2,800萬人全年辛勤勞作卻仍處於貧困線之下。[2] 難以糊口的收入並非懶惰的結果 —— 即便是在就業水平未受大蕭條影響的 2007 年，中產階級家庭的年工作時間也要比 1979 年多上整整 14 週。[3]

　　收入的壓力對於處在特定階段的人們來說更是雪上加霜。家裏有了嗷嗷待哺的孩子，子女考上了大學，家人得了急病，這時花銷就會驟增，而手頭沒有多少餘錢的家庭就會面臨非常嚴峻的資金壓力。婦女和有色人種在收入不足等問題上更是首當其衝，與男人和白種人相比，她們還要努力擺脫各種職業的排斥和薪資的歧視。

　　對於大多數美國工人而言，薪資和收入已經不再和他們的生產力掛鈎。傳統的經濟理論認為，在有效的經濟模式下，工人的收入應該基於他們對生產的貢獻。但事實上，從上一代人起，工人們的收入便遠遠落後於他們的生產力了。過去，上述兩項指標都是共同進退的，而在 1973-2013 年這 40 年間，工人單位時間產出或者勞動生產率，與他們獲得的回報斷然失去了聯繫。勞動生產率或者單位時間產出增加了 161%，[4] 而與此同時，工人的收入 —— 包括薪資和其他非工資福利 —— 在考慮了通貨膨脹之後僅增加了 19%。（雖然公司對於勞動力的總支出略有增加，但主要反映在醫療福利的支出。換句話說，工人的生活水平並沒有任何實質性的改善。）

　　除了低工資之外，要找到一份體面的工作對於許多美國人來說也是一個不小的挑戰。即便是 2015 年 4 月，全國失業率已經降到了 5.4%，[5] 在大多數美國家庭看來，就業市場仍舊是萎靡不振的。

美國人口在職的總比例──比失業率更寬泛的勞動力市場衡量指標──一直盤桓在 59%。這比衰退前的水平還要低，與 20 世紀末經濟繁榮時期的人口在職比例 65% 相比，更是差了一大截。[6] 即便是那些計算在內的就職人員，其中也還有 6,700 萬人因為找不到全職工作僅能從事兼職工作，這與 10 年前相比也上升了 54% 之多。[7]

工作前景的日益不濟是各種結構因素的直接後果，這在本書題為〈當前規則〉一章中已經有過詳細的闡述。例如，美聯儲重視穩定物價水平甚於充分就業，自然無意維持就業市場的緊縮。聯邦政府一直通過財政（稅收）政策慷慨地回饋高收入者，卻忽視了能夠促增長、漲薪資的重要公共投資。制度和法律的修訂使私營企業更加傾心於追求短期收益，而將用於資本、研究、培訓等能夠提高生產率的長期投資置於一旁。此外，各地針對勞工標準的抗議活動層出不窮，新的標準呼之欲出。最後，對於婦女和有色人種面臨的就業難問題，我們的法律和制度所採取的措施更是微不足道。

如果更有效率的工作帶來的收益沒能回饋給美國的工人們，它們到哪裏去了呢？答案就在圖 A-1 之中，曲線代表了 1980-2011 年勞動力收入在總收入中所佔的比例。從虛線走勢可以看出，勞動力獲得的收入比例從 85.3% 下降到了 2011 年的 78.5%，投資者和財富持有者拿走了相當大份額的總收入。但是，在經濟態勢較好的這段時期，大力提升的不僅僅是資本收入。最為富有的 1%（多為企業高管和金融業的專業人員）的勞動力收入（工資收入）也呈現出了火箭般的上升勢頭。這些收入與其他勞動者收入混為一體，就連國家統計資料也會給人以錯誤的印象，認為所有勞動力的收入份額都在下降。[8] 將二者拆開來看可有助於我們更清晰地看到問題的本質。經濟學家奧利維爾・喬凡諾尼（Olivier Giovannoni）將收入最高的 1%

人口排除之後，再對收入總額中的勞動力份額進行分析，從而展現給我們一條更為急劇下跌的曲線，從 78.5% 到 63.0%。[9]

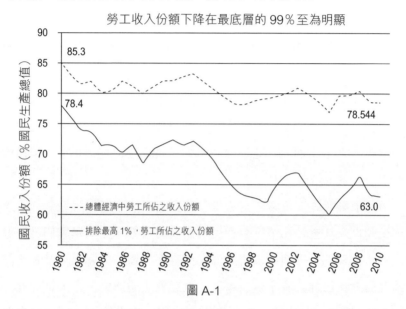

圖 A-1

資料來源：Olivier Giovannoni. 2014. "What Do We Know About the Labor Share and the Profit Share? Part III: Measures and Structural Factors", Levy Economics Institute working paper no. 805, cross posted as UTIP working paper no.66.

　　這段時期不平等狀況的加劇使美國躋身於收入最為不均的發達國家之列，在經濟合作與發展組織成員國中，僅有兩個國家的收入不均狀況比美國更甚，但在採取了有效的稅收和公共轉移支付制度之後，便只有美國孤單地立於榜首了。[10] 在對收入進行再分配方面，美國遠比其他國家吝嗇，如果只考慮 60 歲以下的在職人口的話，這一差距就更加明顯了，因為在其他國家，許多人早在 60 歲之前便開始頤養天年了。[11]

　　上層收入劇增，廣大民眾經濟壓力加大，上層人士的動態與其他民眾的收入分配總是密切相連的。日益擴大的不平等讓美國經濟流動性的上升空間逐漸萎縮。一項針對經濟合作與發展組織國家的調查顯示,在發達國家的經濟流動性排名中,美國幾乎墊底。[12] 經濟政策研究所和城市研究所的報告也揭示了美國經濟流動性的不足。這些報告將人口按收入分成五個層級,以 1994 年為起點,探討了當時收入在第一層級和第五層級的人們到了 2004 年是否有可能轉換到另一等級。結果顯示,93% 的收入最低人群在 10 年後仍處於中等收入之下。而相比之下,80% 收入最高人群在 10 年之後仍處於第一或第二階層之中。[13]

除了影響經濟正常運行之外,貧富差距的不斷加大還制約了經濟流動性,甚至動搖了社會和民主制度的根基。經濟學家們已經意識到,社會不平等與經濟流動性之間存在着密切的聯繫。[14] 各國間情況的對比已經證實了這一事實,就連各州間的情況也大抵如此。自 1980 年以來,美國的不平等逐漸加劇,相應的機會也就越來越少。美國曾經為改善收入流動性所做的努力已經不再,社會日益僵化。經濟學家納旦尼爾‧希爾格(Nathaniel Hilger)發現,在 1940-1980 年間出生的人們曾見證過代際流動的極大改善,那也正是社會正義得到大力伸張,教育和公民權利都得到了廣泛拓展的時期。那是美國社會的不平等下降最快的時期。[15] 從那以後,向上的流動率便再無起色:擺脫自己出生的收入群體變得愈發艱難。[16] 隨着不平等的愈演愈烈,代際流動的停滯也愈發明顯。用常見的梯子比喻來形容的話,雖然向上爬的機會一直都在,但每級之間的距離卻越拉越遠,攀爬的難度也越來越大,人們所能依靠的就只剩下"投胎的藝術"了。[17]

對這種狀況的擔憂主要出於兩種原因:第一,隨着收入不平等的擴大，未來機會不平等的現象也必然會進一步惡化。第二，要在現代經濟中嶄露頭角，良好的教育必不可少。而一個人所能接受的教育程度卻完全依賴於其社會經濟地位和父母的教育程度（尤其是父親）。[18]

由經濟狀況、種族、性別等引發的不平等現象遍佈我們的教育和醫療系統。[19] 但生命早期發展的不平等現象尤其嚴重，並且對個人的認知發展和經濟成就都有着終生的影響。一個家庭所處的收入和財富的層級影響了他們所能獲得並獲益的人力資本開支和投資——從產前護理到產後保健，從兒童保育到早期教育，甚至還包括父母的工作是否能夠承擔家庭支出及病假。

早在孩子們正式進入教育系統之前，就已經站在了不平等的起跑線上。它伴隨着孩子的成長，並一直貫穿他們的學術和職業道路。[20] 早期生活環境對人一生的影響無比深遠。諾貝爾獎獲得者詹姆斯·赫克曼（James Heckman）深入研究了學前強化試點專案對於低收入家庭孩子從入學到成年的影響。[21] 赫克曼發現，參與這些項目的孩子們入學後的表現更為優異，畢業後考入大學的概率也更高，很少有抽煙、吸毒、做未成年媽媽和靠福利度日的情況。

大量研究表明，高品質的早期兒童幼托服務對兒童日後的行為和成長表現影響最深，包括語言、人際交流、認知等各方面的能力。[22] 早在孩子們進入幼稚園的那一刻，就已經深深地烙上了早期教育和環境的烙印。[23] 一項研究顯示，來自低收入家庭的幼稚園小朋友的學習和專注能力都相對薄弱。而那些食不果腹和營養不良的孩子們在校的學習能力也明顯受損。[24] 除了質優價廉的兒童幼托服務和早教機會的不均等之外，職場父母的時間壓力也各不相同。[25] 上一代人普遍認為，婦女應更多地投入工作，單親家庭的父母也不例外，因而留給培養孩子的時間、精力和資源越來越少。對於居住在偏遠地區的人們來說,這一問題尤為嚴重,過去,受到公共交通系統和其他服務的限制,這些地區的人們根本無法出來工作。如今,這些人每日拿着不確定的時間表,花上幾個小時的通勤時間,幹着朝不保夕的差事,連陪孩子完成家庭作業的時間都沒有。[26]

與家庭自費的早期教育和高等教育不同,從幼稚園至 12 年級的教育在美國都是免費的。但由於地理位置的不同,教育水平和資源也相去甚遠,因而,許多家長不惜花高價購買"學區房"。[27]

雖然從貧兒到富翁的故事在美國流傳已久,但是這種故事發生在現實中的可能性卻越來越低。隨着不平等的愈演愈烈,政治系統日益被企業利益所主導,致力於提供真正的平等機會的公共政策愈發難以執行。

技術與全球化的角色

許多專家開始認為,不平等已經成為我們必須面對的挑戰,但對於其成因和應對措施卻眾口不一。傳統理論認為,技術和全球化是不平等的根源所在。工作日益電腦化和自動化,全球的貿易和投資競爭日益激烈,在這些方面,美國和其他國家沒有任何差別。但是在不平等上,我們卻是一枝獨秀。

本書關注的是經濟規則和決定經濟運行的各種政策。要了解我們關注這些結構性政策因素的原因,必須對美國當今的不平等狀況作出合理的解釋。許多專家認為,不平等是我們必須面對的挑戰。但是按照傳統的經濟學理論,他們認為日益加劇的不平等與經濟規則無關,而是全球化的加深和先進技術的應用的結果。我們認為,歸咎於技術的說法，無法令人信服，而歸咎於全球化的說法，理由不夠充分。

要說技術和全球化要對失業和降薪負責，最多也只是部分原因而已，理由有三：

第一，正如前面所說，技術和國際貿易給全球帶來的變化，各國皆如此，而只有美國的不平等狀況最為驚心。許多其他國家採用各種措施成功地塑造了經濟格局，實現了共同繁榮與經濟發展並重。既然技術和全球化因素各國皆存在，那麼必然有其他因素導致了美國極端突出的不平等狀況。

第二，關於技術和全球化的理論實際是將勞動力的供給和需求作為工資的唯一決定因素。他們認為不平等狀況的改變完全歸咎於供給和需求曲線的波動，而技術和全球化又是導致這一波動的根本原因。但是，制度也很重要。過去數十年來，經濟學理論的一大創新就是由諾貝爾獎獲得者彼得・戴蒙德 (Peter Diamond)、戴爾・莫滕森 (Dale Mortensen) 和克里斯多夫・皮薩里德斯 (Christopher Pissarides) 共同創建的搜尋理論，其中大部分工作就是為人們尋找和接受就業機會的方式建立模型。搜尋理論認為，供給和需求並不是市場薪資的全部決定因素。實際上，勞動力的供給和需求只是給薪資設定了範圍。其他很多因素決定了薪資的最終水平：議價能力、勞動力市場的機制 (包括工會的作用) 以及社會習慣等。因此，搜尋理論認為，即使技術和全球化起到了主導作用，但規則的影響也是不可忽視的。[28]

第三，技術和全球化並非如天降甘露一般隨意出現。技術和全球化本身也是受規則約束的。下面我們來一一詳述。

技術與技能

許多經濟學家認為，技術的發展，如電腦在工作中的應用，改變了企業對不同技能水平的工人的需求，從而促使美國低收入人群和高收入人群工資差距的拉大，最終導致不平等狀況的加劇。[29] 雖然這種理論曾經風靡一時，但是技術和技能要對如今的不平等狀況負全責的說法已經越來越難以取信於人了。

事實上，該理論在其剛開始盛行的時候就已經露出了一些問題的端倪。低技能和高技能工人工資差距的飛速擴大主要集中在 20 世紀 80 年代，而到了 90 年代和 21 世紀初期，電腦和資訊技術迅速崛起之時，工資差距問題已趨於平穩。[30] 不僅如此，該理論也無法解釋種族和性別上的工資差距問題，[31] 而最富有的 1% 人群收入的增長也無法以技術的緣由來解釋，那是首席執行官和金融業共同推進的結果，技能差距對此實在是無能為力。[32]

越來越多的研究表明，無論技能差距理論曾經被多少人奉為真理，如今它的可信度都已經大打折扣。通過高等教育而出人頭地的現象愈發少見；至少在過去的十年間未有任何起色。[33] 高技能的工人開始從事較低技能的工作，且職業前景日漸黯淡。生產率的增長仍停留在歷史最低水平，就連風起雲湧的技術高潮也未能打破經濟中的傳統商業模式。也有人理直氣壯地認為，勞動力市場的疲軟甚至阻礙了技術的發展：如果薪資得不到提升，誰會想着那些節約人力的資本投資和技術投資呢。[34]

當然，這並不是說技術對於不平等現象沒有絲毫影響，或者未來也不會有任何影響。技術的進步給企業提供了更有力的新手段去監督工人，更精確的辦法來分配工作任務和設定工作日程，也為企業內部的收入分配帶來了一場大變革。[35] 通過藍海創新，技術為上層人士帶來了收入增長的福音，還為探索網路效應的企業提供機會，使擁有市場權力的公司得以汲取更多的"租金"。企業未來是否要引入勞動補充型或勞動替代型技術，並非完全取決於技術法則，而是更多地依賴於決定其收益如何分配的經濟規則。設想一下，如果政府決定收取碳費的話，自然會有更多的研究精英們以拯救地球為使命，而節約勞動力的問題很可能就被人們置之腦後了。

全球化

過去的數十年來，美國經濟參與全球貿易的規模、範圍和內容都在不斷變化，企業和員工們則緊隨其後。但是，全球化的崛起同樣也是受規則決定並依規則執行的 —— 規則是由我們制定的，它們在全球化背景下發揮了重要作用，並對全球化的走勢起到了深遠影響。

毫無疑問，全球經濟一體化的深入可以帶來潛在的巨大效率 —— 貿易為我們帶來了原本難以獲取的商品，專業化的生產使經濟效益進一步提升 —— 還有更多的創新和社會整體福利的增加。但不可否認的是，全球化也給我們帶來了巨大的成本，尤其是對於身處勞動力市場疲軟狀態下的美國而言。另有一些研究員認為，美國勞動力收入份額的迅速下滑也應歸因於進口產品的競爭。[36]

即便是在最好的情形下，提出自由貿易會增加大眾福利的經濟理論也會同時強調，如果沒有政府的政策積極配合，自由貿易也會導致美國不平等現象的加劇，面對來自海外的眾多非技術勞動力的競爭，美國非技術工人的工資會出現滑坡。[37] 事實的確如此，美國的非技術工人在一系列的產品和服務中均被迫捲入與新興市場和發展中國家的非技術工人的競爭之中，工資自然隨之而降。[38] 雖然與許多貿易夥伴國家相比，美國的高技能工人相對較多，但仍有 62% 的美國勞動力沒有大學學歷，這也就意味着貿易會使大多數人口的生存狀況惡化。[39] 標準理論認為，獲益者應該對受損者進行一些補償，但現實中卻沒有人會這麼做。當世界其他國家意識到全球化的風險，並採取相關措施進行規避之時，美國卻始終袖手旁觀。

除了成本之外，全球化使產品鏈在不同地區和不同經濟體中進行分割和重組，為那些尋求租金的企業創造了機會。來自金融市場的壓力也起到了不小的推動作用。全球化使企業不僅有機會瞄準薪資標準不同而導致的勞動力成本差距，也使它們充分利用了不同制度和稅收體制下的成本差距，並從中謀利。

這在自由貿易協定中尤為突出，事實上，自由貿易協定就是一紙管控協定。其中規定的貿易相關事項屈指可數，而更多的是關於企業投資環境和海外業務監管的長篇大論。舉例而言，將"投資者—國家爭端解決機制"作為對美國企業海外投資的保護就大大提高了全球貿易對於企業的吸引力，在該機制下，企業可以就損失的利潤向東道國政府提起訴訟，並通過私下進行的仲裁獲得判決，當地的民主機構完全形同虛設。全球化關注重構規則甚於貿易本身，還有一個重要的實例：貿易協定減少了全球藥品市場上非專利藥品的競爭，從而提高了藥品價格。

上述情況是由知識產權直接導致的，美國一直致力於用知識產權來鼓勵創新，但漏洞百出的知識產權制度不僅縱容了壟斷權力的膨脹，提高了物價，甚至還成為創新的絆腳石。先驗的和輔助的知識是研究和創新的最重要的先決條件。[40] 而研究者和學術圈人士已經開始為美國知識產權制度表示擔憂，認為其有失偏頗，更為不幸的是，美國還在通過貿易協議源源不斷地將這一制度輸送到世界其他國家。

　　總而言之，全球化不僅僅是外力的作用，它也與我們制定的規則緊密相關，關係到我們如何對經濟生活中日漸滲入的全球一體化及其影響進行管理。而在制定全球規則這一點上，美國扮演着比任何國家都重要的角色。我們應該在貿易中實行正確有效的規則，不再向其他國家灌輸那些已經導致國內收入、財富和政治權利不平等的部分經濟規則。更重要的是，對於美國而言，我們不應再向那些已經在貿易中獲利頗豐的實體提供更多的保護，不論是推行更為嚴格的知識產權法，還是建立法律機制允許投資者對公共決策提出挑戰。

致　謝

　　本書是在一支強大的團隊的幫助下完成的。首先要感謝發起和支持本專案的羅斯福研究所的首席執行官費利西亞・黃，還有本書的合著者——羅斯福研究所的內爾・艾伯納西、亞當・赫什、蘇珊・霍姆伯格和邁克・康克澤爾，首席研究助理埃里克・哈里斯・伯恩斯坦。羅斯福研究所的安德列・弗林、多里安・沃倫、湯姆・普賴斯村和加州大學伯克利分校的卡羅拉・賓代爾等都為本書提供了研究成果和寶貴意見。本書的出版還得益於羅斯福研究所的馬庫斯・摩洛卡和大衛・帕默提供的重要方略和媒體建議。

　　在《重構美國經濟規則》一書首次出版之前，羅斯福研究所組織了多次會議，徵求專家意見，並形成了報告的主體框架。《重構美國經濟規則》的啟動會和會後的各種活動將該報告的核心思想傳達給眾多的讀者，同時，眾多專家和領導者的參與、意見和支持也使本書獲益良多。由衷地感謝以下人員在整個過程中給予本書的支援（組織名稱僅代表相關人士的所屬單位）：阿克塞爾・奧布倫（Topos 合作夥伴）、迪恩・貝克（經濟和政策研究中心）、馬克・拜倫伯格（哥倫比亞大學法學院）、克雷格・貝克爾（美國勞工聯合會—產業工會聯合會）、蘇珊娜・伯傑（麻省理工學院）、傑瑞德・伯恩斯坦（預算和政策優先中心）、喬什・比文斯（經濟政策研究所）、凱特・布萊克（美國婦女）、保羅・布斯（美國州縣市僱員聯盟）、拉斐爾・博斯蒂克（南加州大學價格學派）、希瑟・鮑施伊（華盛頓公平增長中心）、貝絲・安・博維諾（標準普爾）、朱麗亞・寶玲（布倫南司法中心）、艾倫・布拉沃（家庭價值＠工作聯盟）、大衛・卡得（加州大學伯克利分校）、弗蘭克・克萊門特（公平稅收美國人聯合會）、邁克爾・克雷格（布來托集團）、謝爾敦・丹齊格（羅素塞奇基金會）、邁克・達納（國會進步黨團）、比爾・白思豪（紐約市市長）、布拉德・德朗（加州大學伯克利分校）、大衛・德賈斯丁（顧問兼投資人）、賽維爾・德索薩・布里格斯（福特基金會）、吉爾特・東特（約翰傑伊司法學院）、麗莎・唐納（金融改革美國人聯合會）、史蒂文・法扎里（聖路易斯華盛頓大學）、艾曼達・菲舍爾（瑪克辛・沃特斯辦公室）、莎拉・弗萊施・芬克（全國婦女和家庭聯盟）、南茜・福爾博（麻塞諸塞大學阿默斯特分校）、拉娜・弗魯哈爾（《時代》雜誌）、丹尼爾・戈爾登（顧問）、理查・吉伯特（加州大學伯克利分校）、蜜雪兒・霍爾德（約翰傑伊司法學院）、奧利弗・喬凡諾尼（巴德學院）、斯坦利・格林伯格（格林伯格—昆蘭—羅斯納研究所）、羅伯特・格林斯坦（預算和政策優先中心）、馬丁・古茲曼（哥倫比亞大學）、喬迪・海曼（加州大學洛杉磯分校）、約翰・希亞特（美國勞工聯合會—產業工會聯合會）、巴特・霍布因（三藩市聯邦儲備銀行）、馬特・霍蘭比（懷斯基金會）、黃彩晶（預算和政策優先中心）、泰勒・喬・艾森伯格（羅斯福研究所）、阿倫・伊瓦圖里（服務業僱員國際工會）、伊莉莎白・雅各斯（華盛頓公平增長中心）、賽斯・詹森（美國州縣市僱員聯盟）、西蒙・詹森（麻省理工學院斯隆管理學院）、伊安・卡卡瑞思（麥克亞瑟基金會）、朱莉・喀什（Make It Work Campaign）、斯蒂芬妮・凱爾頓（美國參議院預算委員會）、理查‧基爾希（羅斯福研究所）、史蒂夫‧克賴斯伯格（美國州縣市僱員聯盟）、安娜‧萊福‧庫恩（方舟基金會）、馬克‧萊文森（服務業僱員國際工會）、塔拉‧馬格納（麥克亞瑟基金會）、布拉德‧米勒（羅斯福研究所）、拉里‧蜜雪兒（經濟政策研究所）、馬科斯‧蘇尼加‧莫利沙士（科斯日報）、潔西嘉‧高登‧內姆哈德（約翰傑伊司法學院）、曼紐爾‧帕斯特（南加州大學）、丹‧佩德羅蒂（AFT公司）、亞倫‧皮克雷爾（雷明頓道路集團，代表紐約市市長比爾‧白思豪）、凱勒‧普魯斯（馬丁‧奧馬利辦公室）、羅伯特‧賴希（加州大學伯克利分校）、拉沙德‧魯濱遜（Color of Change）、克莉絲蒂娜‧羅默（加州大學伯克利分校）、艾曼紐‧薩伊斯（加州大學伯克利分校）、艾梅‧桑托斯—里昂（西部各州中心）、李‧桑德斯（美國州縣市僱員聯盟）、史蒂夫‧薩夫納（社區改進中心）、約翰‧施密特（經濟政策研究中心）、丹‧什未林（希拉蕊‧羅德姆‧克林頓辦公室）、阿德里安娜‧什羅普郡（黑人公民參與基金）、扎克‧斯爾克（Silk Strategic）、達蒙‧西爾維斯（羅斯福研究所／美國勞工聯合會—產業工會聯合會）、潔西嘉‧史密斯（AFT公司）、羅伯特‧索洛（麻省理工學院）、威廉‧斯普里格斯（美國勞工聯合會—產業工會聯合會）、格雷厄姆‧斯蒂爾（美國參議院銀行委員會）、林恩‧斯托特（康奈爾大學法學院）、理查‧特拉姆卡（美國勞工聯合會—產業工會聯合會）、娜奧米‧沃克（美國州縣市僱員聯盟）、伊莉莎白‧沃倫（美國參議院）、蘭迪‧溫加滕（AFT公司）及大衛‧伍爾納（羅斯福研究所）。

特別感謝羅斯福研究所的全體成員和政策對話倡議的全體成員及顧問們的支持和貢獻，包括漢娜‧亞沙、阿曼‧貝納傑、約翰娜‧勃尼威茲、莉蒂亞‧鮑爾斯、布倫娜‧康威、薩曼莎‧迪亞茲、芮妮・菲茲、喬爾・甘博、德巴拉提・戈什、凱薩琳・格林伯格、勞麗・伊格納西奧、鞠佳明、埃蒙・基爾舍—艾倫、薇奧萊塔・庫茲姆阿、克里斯・林斯梅爾、加布里埃爾・馬修斯、喬・麥克馬納斯、卡美利亞・菲力浦斯、瑪麗貝思・塞茨—布朗、里茲・西森、艾倫・史密斯、馬克・施特爾茨納、凱文・斯坦普、亞歷山卓・坦帕斯、派翠克・沃森和阿納斯塔西婭・威爾遜。

　　感謝諾頓出版社的同仁一如既往的支持，德雷克・麥克菲利和傑夫・施里夫對本書的價值深信不疑，並領導他們的團隊將本書推介給廣大讀者。

　　《重構美國經濟規則》一書的出版還獲得了福特基金會、麥克亞瑟基金會和伯納德・施瓦茨的慷慨贊助。

註 釋

第一章　概要

1. Ture, Kwame and Charles V. Hamilton. 1967. *Black Power: The Politics of Liberation in America.* New York: Vintage Books. Pogge, Thomas W. 2008. *World Poverty and Human Rights: Cosmopolitan Responsibilities and Reforms.* Cambridge: Polity.
2. John F. Kennedy Library. N.d. "JFK on the Economy and Taxes." Retrieved, May 5, 2015 (http://www.jfklibrary.org/JFK/JFK-in-History/JFK-on-the-Economy-and-Taxes.aspx).
3. Kuznets, Simon. 1955. "Economic Growth and Income Inequality." *The American Economic Review* 45(1):2-28. Some thought his observation so important that they dubbed it "Kuznets's Law." There were some theoretical reasons to expect this pattern: in early stages of development, some parts of the country were more able to take advantage of the new opportunities and pull ahead of others. Eventually the laggards catch up. Piketty, Thomas and Emmanuel Saez. 2003. "Income Inequality in the United States." *The Quarterly Journal of Economics* 68(1):1-39. Retrieved May 5, 2015 (http://eml.berkeley.edu/~saez/pikettyqje.pdf).
4. Congressional Budget Office. 2011. *Trends in the Distribution of Household Income Between 1979 and 2007.* A CBO Study, Publication No. 4043. Retrieved May 5, 2015 (http://www.cbo.gov/sites/default/files/10-25-HouseholdIncome_0.pdf).
5. Greenstone, Michael and Adam Looney. 2011. "Trends: Reduced Earnings for Men in America." *Brookings,* July 2011 Edition. Retrieved May 5, 2015 (http://www.brookings.edu/research/papers/2011/07/men-earnings-greenstone-looney).
6. Bricker, Jesse, Lisa J. Dettling, Alice Henriques, Joanne W. Hsu, Kevin B. Moore, John Sabelhaus, Jeffrey Thompson and Richard A. Windle. 2014. *Changes in U.S. Family Finances from 2010 to 2013: Evidence from the Survey of Consumer Finances.* Federal Reserve Bul-

letin 100(4). Retrieved May 5, 2015 (http://www.federalreserve.gov/pubs/bulletin/2014/pdf/scf14.pdf).

7. Okun, Arthur. 1975. *Equality and Efficiency: The Big Tradeoff.* Washington, DC: Brookings Institution Press.

8. The International Commission on the Measurement of Economic Performance and Social Progress pointed out that GDP did not provide a good measure of economic performance. See Stiglitz, Joseph E., Amartya Sen, and Jean-Paul Fitoussi. 2008. "Report by the Commission on the Measurement of Economic Performance and Social Progress." Presented at the plenary meeting of the Commission on the Measurement of Economic Performance and Social Progress, April 22-23, Paris, France. The IMF and other studies note, however, that even in the standard metrics of GDP growth and stability, economies with more inequality perform more poorly.

9. OECD. 2014. "Focus on Inequality and Growth." Organisation for Economic Cooperation and Development. Retrieved May 5, 2015 (http://www.oecd.org/els/soc/Focus-Inequality-and-Growth-2014.pdf).

10. *Ibid.*

11. OECD. N.d. "Income Distribution and Poverty: By Country." Organisation for Economic Cooperation and Development. Retrieved May 4, 2015 (http://stats.oecd.org/index.aspx?queryid=46189).

12. Andrews, Edmund L. 2008. "U.S. Details $800 Billion Loan Plans." *The New York Times*, November 25, 2008. Retrieved May 5, 2015 (http://www.nytimes.com/2008/11/26/business/economy/26fed.html?pagewanted=all).

13. Cynamon, Barry and Steven Fazzari. 2014. "Inequality, the Great Recession, and Slow Recovery." New York, NY: The Institute for New Economic Thinking. Retrieved May 4, 2015 (http://ineteconomics.org/sites/inet.civicactions.net/files/Cyn-Fazz%20Cons&Inequ%20141024%20revised%20Oct.pdf). Blomquist, Daren. 2012. "2012 Foreclosure Market Outlook for CMA." Presented at the California Mortgage Association Winter Seminar, February 2, Universal City, CA. Retrieved May 4, 2015 (http://www.slideshare.net/RealtyTrac/2012-foreclosure-market-outlook-for-cma). Federal Reserve of St. Louis. "Real Median Household Income in the United States." FRED Eco-

nomic Data. Retrieved May 4, 2015 (http://research.stlouisfed.org/
fred2/series/MEHOINUSA672N).

14. Stiglitz, Joseph. 2015. "New Theoretical Perspectives on the Distri-
bution of Income and Wealth among Individuals: Part I. The Wealth
Residual." *NBER Working Paper No. 21189* (http://www.nber.org/
papers/w21189).

15. Jiang, Yang, Mercedes Ekono, and Curtis Skinner. 2015. "Basic Facts
About Low-Income Children: Children Under 18 Years, 2013." New
York, NY: National Center for Children in Poverty. Retrieved May
5, 2015 (http://www.nccp.org/publications/pdf/text_1100.pdf).

16. Galbraith, John Kenneth. 1952. *American Capitalism: The Concept
of Countervailing Power.* Boston, MA: Houghton Mifflin. The first
financial crisis after 1929 was the S & L crisis of 1989, the result of
the deregulation of the 1980s.

17. Sherman, Matthew. 2009. "A Short History of Financial Deregula-
tion in the United States." Washington, DC: Center for Economic
and Policy Research. Retrieved May 5, 2015 (http://www.cepr.net/
documents/publications/dereg-timeline-2009-07.pdf). Some aspects
of deregulation, such as in airlines, actually began a little earlier. Air-
line deregulation did not bring about the kind of competitive mar-
ket for which the deregulators had hoped, and therefore discredited
the theory of contestability underlying deregulation, but the really
adverse effects of deregulation began with the deregulation of the
financial system.

18. Berger, Suzanne. 2014. "How Finance Gutted Manufacturing." *The Bos-
ton Review*, April 1, 2014. Retrieved May 4, 2015 (http://bostonreview.
net/forum/suzanne-berger-how-finance-gutted-manufacturing).

第二章　當前規則

1. Bureau of Economic Analysis. 2015. *National Income and Product
Accounts Table 1.1.6.* Washington, DC: U.S. Department of Com-
merce. Retrieved May 5, 2015 (https://www.bea.gov/national/xls/
gdplev.xls).

2. Bureau of Labor Statistics. 2015. *Labor Force Statistics from the*

Current Population Survey. Washington, DC: U.S. Department of Labor. Retrieved May 8, 2015 (http://data.bls.gov/timeseries/LNS11300000).

3. Bureau of Economic Analysis. 2015. *Monthly Personal Income, DPI, PCE and Personal Saving: Levels and Percent Changes.* Washington, DC: U.S. Department of Commerce. Retrieved May 8, 2015 (http://www.bea.gov/newsreleases/national/pi/2015/pdf/pi0315_hist.pdf).

4. Board of Governors of the Federal Reserve System. 2014. "Financial Accounts of the United States: Flow of Funds, Balance Sheets, and Integrated Macroeconomic Accounts." Washington, DC: U.S. Federal Reserve. Retrieved May 8, 2015 (http://www.federalreserve.gov/releases/z1/Current/z1.pdf).

5. *Ibid.*

6. Bowles, Samuel and Herbert Gintis. 2007. "Power." UMass Amherst Economics Department Working Paper Series, Paper 37. Amherst, MA: UMass Amherst Economics Department. Retrieved May 8, 2015 (http://tuvalu.santafe.edu/~bowles/PowerWP.pdf).

7. Posner, Richard A. 1979. "The Chicago School of Antitrust Analysis." *University of Pennsylvania Law Review* 127(4):925-948. Stiglitz, Joseph E. 2001. "Information and the Change in the Paradigm in Economics." Nobel Prize Lecture. Retrieved April 15, 2015 (http://www.nobelprize.org/nobel_prizes/economic-sciences/laureates/2001/stiglitz-lecture.pdf).

8. Yergin, Daniel and Joseph Stanislaw. 2002. *The Commanding Heights: The Battle for the World Economy.* Glencoe, IL: Free Press.

9. Boldrin, Michele and David K. Levine. 2013. "The Case Against Patents." *Journal of Economic Perspectives* 27(1):3-22.

10. Moser, Petra. 2012. "Patents and Innovation: Evidence from Economic History." *Stanford Law and Economics Olin Working Paper No 437.* Retrieved May 8, 2015 (http://dx.doi.org/10.2139/ssrn.2180847).

11. Stiglitz, Joseph E. 2014. "Intellectual Property Rights, the Pool of Knowledge, and Innovation." NBER Working Paper No. 20014. The National Bureau of Economic Research. Retrieved May 4, 2015 (http://nber.org/papers/w20014).

12. *Ibid.*

13. Stiglitz, Joseph E. 2008. *The Three Trillion Dollar War.* New York: W. W. Norton. SIGAR's Office of Special Projects. 2015. "Department of Defense Spending on Afghanistan Reconstruction: Contracts Comprised $21 Billion of $66 Billion in Total Appropriations, 2002—May 2014." Washington, DC: Office of the Special Inspector General for Afghanistan Reconstruction. Retrieved May 8, 2015 (https://www.sigar.mil/pdf/special%20projects/SIGAR-15-40-SP .pdf).

14. Oliver, Thomas R., Philip R. Lee, and Helene L. Lipton. 2004. "A Political History of Medicare and Prescription Drug Coverage." *The Milbank Quarterly* 82(2):283–354. Retrieved May 8, 2015 (http://www.ncbi.nlm .nih.gov/pmc/articles/PMC2690175/). Hayford, Tamara. 2011. "Spending Patterns for Prescription Drugs Under Medicare Part D." Washington, DC: U.S. Congressional Budget Office.

15. Shapiro, Carl and Hal Varian. 1999. *Information Rules: A Strategic Guide to the Network Economy.* Boston, MA: Harvard Business School Press. Cabral, Luis M.B., David J. Salant, Glenn A. Woroch. 1999. "Monopoly pricing with network externalities." *International Journal of Industrial Organization* 17(2):199-214.

16. Kroll, Luisa and Kerry A. Dolan. 2015. "The World's Billionaires." New York, NY: *Forbes Magazine.* Retrieved May 8, 2015 (http:// www.forbes.com/billionaires/).

17. Stiglitz, Joseph E. 2013. *The Price of Inequality: How Today's Divided Society Endangers Our Future.* New York, NY: W. W. Norton & Company, pp. 28-52.

18. *Ibid,* pp. 39-43

19. Izadi, Elahe. 2012. "Exclusive: AHIP Gave More Than $100 Million to Chamber's Efforts to Derail Health Care Reform." *National Journal,* June 13, 2012. Retrieved May 8, 2015 (http://www .nationaljournal.com/blogs/influencealley/2012/06/exclusive-ahip-gave-more-than-100-million-to-chamber-s-efforts-to-derail-health-care-reform-13).

20. Bordo, Michael, Barry Eichengreen, Daniela Klingebiel, Maria Soledad Martinez-Peria and Andrew K. Rose. 2001. "Is the Crisis Problem Growing More Severe?" *Economic Policy* 16(32):53-82. Retrieved May 9, 2015 (http://www.nber.org/papers/w8716.pdf).

21. Luttrell, David, Tyler Atkinson, and Harvey Rosenblum. 2013. "Assessing the Costs and Consequences of the 2007-09 Financial Crisis and Its Aftermath." *Dallas Fed* 8(7):1-4. Retrieved, May 8, 2015 (http://www.dallasfed.org/assets/documents/research/eclett/2013/el1307.pdf).

22. *Op. cit. Bordo, Michael, et al.*

23. Grossman, Sanford J. and Joseph E. Stiglitz. 1980. "On the Impossibility of Informationally Efficient Markets." *The American Economic Review* 70(3):393-408. Retrieved May 8, 2015 (https://www.aeaweb.org/aer/top20/70.3.393-408.pdf). Stiglitz, Joseph E. and Bruce Greenwald. 2003. *Towards a New Paradigm in Monetary Economics.* Cambridge, UK: Cambridge University Press. Rosenblum, Harvey. 2011. "Choosing the Road to Prosperity: Why We Must End Too Big to Fail—Now." Federal Reserve Bank of Dallas Annual Report. Retrieved May 3, 2015 (http://www.dallasfed.org/assets/documents/fed/annual/2011/ar11.pdf).

24. Johnson, Simon and James Kwak. 2011. *13 Bankers: The Wall Street Takeover and the Next Financial Meltdown.* New York, NY: Vintage.

25. *Ibid.*

26. Authors' calculations of FRED Economic Data: Federal Reserve Bank of St. Louis. 2014. "Value Added by Private Industries: Finance, Insurance, Real Estate, Rental, and Leasing: Finance and Insurance as a Percentage of GDP." St. Louis, MO: Federal Reserve Bank of St. Louis. Retrieved May 8, 2015 (https://research.stlouisfed.org/fred2/series/VAPGDPFI).

27. Philippon, Thomas and Ariell Reshef. 2009. "Wages and Human Capital in the U.S. Financial Industry: 1909–2006." *The Quarterly Journal of Economics* 127(4):1551-1609. Retrieved May 8, 2015 (http://qje.oxfordjournals.org/content/127/4/1551).

28. Bakija, Jon, Adam Cole, and Bradley T. Heim. 2012. "Jobs and Income Growth of Top Earners and the Causes of Changing Income Inequality: Evidence from U.S. Tax Return Data." Williams College and U.S. Department of the Treasury Office of Tax Analysis. Retrieved May 4, 2015 (http://web.williams.edu/Economics/wp/BakijaColeHeimJobsIncomeGrowthTopEarners.pdf).

29. *Ibid.* Bivens, Josh and Lawrence Mishel. 2013. "The Pay of Corporate Executives and Financial Professionals as Evidence of Rents in

Top 1 Percent Incomes." *Journal of Economic Perspectives* 27(3):57-78.

30. *Op. cit.* Philippon, Thomas, *"Wages and Human Capital ..."*

31. *Ibid.*

32. Demyanyk, Yuliya. 2006. "Time for Predatory Lending Laws." *The Regional Economist* October 2006:10-11. Retrieved May 9, 2015. (https://www.stlouisfed.org/~/media/Files/PDFs/publications/pub_assets/pdf/re/2006/d/income-inequality.pdf).

33. Lusardi, Annamaria. 2008. "Financial Literacy: An Essential Tool for Informed Consumer Choice?" Dartmouth College, Harvard Business School, and National Bureau of Economic Research. Retrieved May 8, 2015 (http://www.dartmouth.edu/~alusardi/Papers/Lusardi_Informed_Consumer.pdf).

34. Grind, Kirsten. 2012. "What Libor Means for You." *The Wall Street Journal Weekend Investor.* August 3, 2012. Retrieved May 8, 2015 (http://www.wsj.com/articles/SB10000872396390444354550457756 5120728037852).

35. Bray, Chad, Jenny Anderson and Ben Protess. 2014. "Big Banks Are Fined $4.25 Billion in Inquiry into Currency-Rigging." *The New York Times DealBook.* November 12, 2014. Retrieved May 8, 2015 (http://dealbook.nytimes.com/2014/11/12/british-and-u-s-regulators-fine-big-banks-3-16-billion-in-foreign-exchange-scandal/).

36. Greenwood, Robin and David Scharfstein. 2013. "The Growth of Finance." *Journal of Economic Perspectives* 27(2):3-28. Retrieved May 8, 2015 (http://www.people.hbs.edu/dscharfstein/growth_of_modern_finance.pdf).

37. Fama, Eugene F. and Kenneth R. French. 2010. "Luck versus Skill in the Cross-Section of Mutual Fund Returns." *The Journal of Finance* 65(5):1915-1947.

    35 percent figure: *"Thus, asset management explain 2.2 percentage points of the 6.1 percentage point increase in finance output as a share of GDP, or 36% of the growth in the ratio of financial sector output to GDP."*

38. Gorton, Gary and Andrew Metrick. 2010. "Regulating the Shadow Banking System." Washington, DC: Brookings Institution. Retrieved May 4, 2015 (http://www.brookings.edu/~/media/projects/bpea/fall-2010/2010b_bpea_gorton.pdf). Diamond, Douglas W. and Philip

H. Dybvig. 1983. "Bank Runs, Deposit Insurance, and Liquidity." *The Journal of Political Economy* 91(3):401-419.

39. Levitin, Adam J. and Tara Twomey. 2011. "Mortgage Servicing." *Yale Journal on Regulation* 28(1). Retrieved May 8, 2015 (http://papers. ssrn.com/sol3/papers.cfm?abstract_id=1324023).

40. Philippon, Thomas. 2014. "Has the U.S. Finance Industry Become Less Efficient? On the Theory and Measurement of Financial Intermediation." Cambridge, MA: National Bureau of Economic Research. Retrieved May 5, 2015 (http://pages.stern.nyu. edu/~tphilipp/papers/Finance_Efficiency.pdf).

41. Cecchetti, Stephen G. and Enisse Kharroubi. 2012. "Reassessing the impact of finance on growth." BIS Working Paper No. 381. Retrieved May 8, 2015 (http://www.bis.org/publ/work381.pdf). Cecchetti, Stephen G. and Enisse Kharroubi. 2015. "Why does financial sector growth crowd out real economic growth?" BIS Working Paper No. 490. Retrieved May 8, 2015 (http://http://www.bis.org/publ/work490.pdf).

42. *Ibid.*

43. Konczal, Mike and Marcus Stanley. 2013. "An Unfinished Mission: Making Wall Street Work for Us." New York, NY: The Roosevelt Institute. Retrieved May 8, 2015 (http://rooseveltinstitute.org/sites/all/files/Unfinished_Mission_2013.pdf)

44. *Op. cit. Cecchetti, Stephen G. and Enisse Kharroubi, "Why does financial sector growth ..."*

45. Stout, Lynn. 2012. *The Shareholder Value Myth: How Putting Shareholders First Harms Investors, Corporations, and the Public.* San Francisco, CA: Berrett-Koehler Publishers.

46. Sullivan, E. Thomas. 1988. "The Antitrust Division as a Regulatory Agency: An Enforcement Policy in Transition." Pp. 106-141 in *Public Policy toward Corporate Takeovers*, edited by Murray L. Weidenbaum and Kenneth Chilton. Edison, NJ: Transaction Publishers.

47. Holstrom, Bengt and Steven N. Kaplan. 2001. "Corporate Governance and Merger Activity in the United States: Making Sense of the 1980s and 1990s." *Journal of Economic Perspectives* 15(2):121-144.

48. Holstrom, Bengt and Steve N. Kaplan. 2003. "The State of U.S. Cor-

porate Governance: What's Right and What's Wrong?" University of Chicago Booth School of Business and the National Bureau of Economic Research. Retrieved May 8, 2015 (http://www.chicagobooth. edu/assests/stigler/185.pdf).

49. *Op. cit. Bakija, Jon, Adam Cole, and Bradley T. Heim.*

50. Lazonick, William. 2014. "Taking Stock: Why Executive Pay Results in an Unstable and Inequitable Economy." New York, NY: The Roosevelt Institute. Retrieved May 8, 2015 (http://rooseveltinstitute.org/ sites/all/files/Lazonick_Executive_Pay_White_Paper_Roosevelt_ Institute.pdf).

51. Davis, Alyssa and Lawrence Mishel. 2014. "CEO Pay Continues to Rise as Typical Workers Are Paid Less." Washington, DC: Economic Policy Institute. Retrieved May 8, 2015 (http://www.epi.org/ publication/ceo-pay-continues-to-rise/).

52. Holmberg, Susan and Michael Umbrecht. 2014. "Understanding the CEO Pay Debate: A Primer on America's Ongoing C-Suite Conversation." New York, NY: The Roosevelt Institute. Retrieved May 8, 2015 (http://rooseveltinstitute.org/sites/all/files/Susan_Holmberg_Michael_ Umbrecht_Understanding_the_CEO_Pay_Debate_Web.pdf).

53. Almeida, Heitor, Vyacheslav Fos and Mathias Kronlund. 2014. "The Real Effects of Share Repurchases." University of Illinois at Urbana-Champaign. Retrieved May 8, 2015 (http://papers.ssrn.com/sol3/ papers.cfm?abstract_id=2276156).

54. *Ibid.* Lazonick, William. 2014. "Profits Without Prosperity." Boston, MA: Harvard Business Review. Retrieved May 8, 2015 (https://hbr. org/2014/09/profits-without-prosperity).

55. Bertrand, Marianne and Sendhil Mullainathan. 2001. "Are CEO's Rewarded for Luck? The One's Without Principles Are." *The Quarterly Journal of Economics* August 2001: 901-932. Retrieved May 9, 2015 (http://web.stanford.edu/group/scspi/_media/pdf/Reference%20 Media/Bertrand%20and%20Mullainathan_2001_Elites.pdf).

56. Frydman, Carola and Raven E. Saks. 2010. "Executive Compensation: A New View from a Long-Term Perspective, 1936–2005." *The Review of Financial Studies* 23(5):2099-2138.

57. DellaVigna, Stefano and Joshua M. Pollet. 2007. "Demographics

and Industry Returns." *American Economic Review*, 97(5): 1667-1702 Retrieved May 9, 2015 (http://eml.berkeley.edu/~sdellavi/wp/demogr07-08-23AER.pdf).

58. Asker, John, Joan Farre-Mensa and Alexander Ljungqvist. 2015. "Corporate Investment and Stock Market Listing: A Puzzle?" *Review of Financial Studies* 28(2):342-390.

59. Mason, J. W. 2015. "Disgorge the Cash: The Disconnect Between Corporate Borrowing and Investment." New York, NY: The Roosevelt Institute. Retrieved May 8, 2015 (http://rooseveltinstitute.org/sites/all/files/Mason_Disgorge_the_Cash.pdf).

    This change also has serious consequences for monetary policy, as it means that aggregate investment might have less responsiveness to changes in debt financing; see Mason 2015 "Disgorge the Cash" (http://rooseveltinstitute.org/sites/all/files/Mason_Disgorge_the_Cash.pdf).

60. Stein, Kara M. 2015. *Toward Healthy Companies and a Stronger Economy: Remarks to the U.S. Treasury Department's Corporate Women in Finance Symposium.* U.S. Securities and Exchange Commission. Retrieved May 8, 2015 (http://www.sec.gov/news/speech/stein-toward-healthy-companies.html).

61. *Op. cit. Mason, J. W. (Authors' analysis of Federal Reserve Flow of Funds Database.)*

    For further detail see Mason 2015 "Disgorge the Cash" (http://rooseveltinstitute.org/sites/all/files/Mason_Disgorge_the_Cash.pdf).

62. Business Insider. 2015. "BlackRock CEO Larry Fink tells the world's biggest business leaders to stop worrying about short-term results." *Business Insider*, April 14, 2015. Retrieved May 8, 2015 (http://www.businessinsider.com/larry-fink-letter-to-ceos-2015-4#ixzz3ZbDKE4oi).

63. Internal Revenue Service. 2010. *Individual Income Tax Rates and Shares, 2010.* (IRS Statistics of Income Bulletin, Winter 2013) U.S. Department of the Treasury. Retrieved May 9, 2015 (http://www.irs.gov/pub/irs-soi/13inwinbulratesshare.pdf); Internal Revenue Service. *Statistics of Income Individual Income Tax Rates and Shares.* Table

6. U.S. Department of the Treasury. Retrieved May 9, 2015 (http://www.irs.gov/uac/SOI-Tax-Stats-Individual-Income-Tax-Rates-and-Tax-Shares#_tables).

64. Congressional Budget Office. 2011. *Trends in the Distribution of Household Income Between 1979 and 2007.* Congressional Budget Office. Retrieved May 8, 2015 (https://www.cbo.gov/sites/default/files/10-25-HouseholdIncome_0.pdf).

65. Piketty, Thomas, Emmanuel Saez, and Stefanie Stantcheva. 2014. "Optimal Taxation of Top Labor Incomes: A Tale of Three Elasticities." *American Economic Journal: Economic Policy 2014* 6(1):230–271.

66. Tax Policy Center. 2015. "U.S. Individual Income Tax: Personal Exemptions and Lowest and Highest Tax Bracket Tax Rates and Tax Base for Regular Tax, Tax Years 1913-2015." Urban Institute Tax Policy Center. Retrieved May 8, 2015 (http://www.taxpolicycenter.org/taxfacts/Content/PDF/historical_parameters.pdf).

67. Congressional Budget Office. 2013. *The Distribution of Major Tax Expenditures in the Individual Income Tax System.* Washington, DC: Congressional Budget Office. Retrieved May 8, 2015 (https://www.cbo.gov/sites/default/files/43768_DistributionTaxExpenditures.pdf).

68. *Ibid.Op cit. IRS "Individual Income Tax Rates ... Table 6."*
   Already the second largest tax expenditure in 2011, mortgage interest deductibility—73 and 15 percent of which goes to the top quintile and top 1 percent, respectively—is expected to continue growing steeply over the next several years.

69. *Op. cit. Congressional Budget Office. "The Distribution of Major Tax Expenditures ..."*

70. *Ibid.*

71. Transfer payments include includes cash payments from Social Security, unemployment insurance, Supplemental Security Income, Aid to Families with Dependent Children, Temporary Assistance for Needy Families, veterans' benefits, workers' compensation, and state and local government assistance programs, as well as the value of in-kind benefits, including food stamps, school lunches and breakfasts, housing assistance, energy assistance, Medicare, Medicaid, and the Children's Health Insurance Program.

72. *Op. cit. Congressional Budget Office.* "Trends in the Distribution of Household Income ..."

73. *Ibid.*

74. *Op. cit. Congressional Budget Office.* "The Distribution of Major Tax Expenditures ..."

75. Toder, Eric. 2008. "Who Pays Capital Gains Tax?" The Urban Institute Tax Policy Center. Retrieved May 8, 2015 (http://www .taxpolicycenter.org/UploadedPDF/1001201_Capital_gains_tax.pdf).

76. Hungerford, Thomas L. 2011. *Changes in the Distribution of Income Among Tax Filers Between 1996 and 2006: The Role of Labor Income, Capital Income, and Tax Policy.* Congressional Research Service. Retrieved May 8, 2015 (http://taxprof.typepad.com/files/crs-1.pdf).

77. *Op. cit. Congressional Budget Office.* "The Distribution of Major Tax Expenditures ..."

78. Internal Revenue Service. 2012. *The 400 Individual Income Tax Returns Reporting the Largest Adjusted Gross Incomes Each Year, 1992– 2012.* Table 1. U.S. Department of the Treasury. Retrieved May 8, 2015 (http://www.irs.gov/pub/irs-soi/12intop400.pdf).

79. Piketty, Thomas, Emmanuel Saez, and Stefanie Stantcheva. 2014. "Optimal Taxation of Top Labor Incomes: A Tale of Three Elasticities." *American Economic Journal: Economic Policy* 6(1):230-71.

80. *Ibid.*

81. Gornick, Janet C. and Branko Milanovic. 2015. "Income Inequality in the United States in Cross-National Perspective: Redistribution Revisited." LIS Center Research Brief. Retrieved May 8, 2015 (http://www.gc.cuny.edu/CUNY_GC/media/CUNY-Graduate-Center/PDF/Centers/LIS/LIS-Center-Research-Brief-1-2015. pdf?ext=.pdf).

82. Hungerford, Thomas L. 2015. *Taxes and the Economy: An Economic Analysis of the Top Tax Rates Since 1945* (Updated). Congressional Research Service. Retrieved May 8, 2015 (https://fas.org/sgp/crs/misc/R42729. pdf).

83. Rothschild, Casey and Florian Scheuer. 2011. "Optimal Taxation with Rent-Seeking." NBER Working Paper No. 17035. Retrieved May 8, 2015 (http://www.nber.org/papers/w17035.pdf). Lockwood,

Benjamin B. and Charles G. Nathanson. Pending. "Taxation and the Allocation of Talent" Under revision at the request of the *Journal of Political Economy* as of June 2014.

84. Ostry, Jonathan D., Andrew Berg, and Charalambos G. Tsangarides. 2014. "Redistribution, Inequality, and Growth." International Monetary Fund. Retrieved May 8, 2015 (https://www.imf.org/external/pubs/ft/sdn/2014/sdn1402.pdf).

85. Korinek, Anton and Joseph E. Stiglitz. 2008. "Dividend Taxation and Intertemporal Tax Arbitrage." NBER Working Paper No. 13858. Retrieved May 8, 2015 (http://www.nber.org/papers/w13858.pdf).

86. Yagan, Danny. 2015. "Capital Reform and the Real Economy: The Effects of the 2003 Dividend Tax Cut." NBER Working Paper No. 21003. Retrieved May 6, 2015 (http://www.nber.org/papers/w21003).

87. Conesa, Juan Carlos, Sagiri Kitao, and Dirk Krueger. 2008. "Taxing Capital? Not a Bad Idea After All!" University of Pennsylvania. Retrieved May 8, 2015 (http://economics.sas.upenn.edu/~dkrueger/research/RevisionIII.pdf).

88. Reis, Catarina. 2011. "Entrepreneurial Labor and Capital Taxation." *Macroeconomic Dynamics* 15(3):326-335. Retrieved April 8, 2015 (https://ideas.repec.org/a/cup/macdyn/v15y2011i03p326-335_00.html). Christiansen, Vidar and Matti Tuomala. 2008. "On taxing capital income with income shifting." *International Tax and Public Finance* 15(4):527-545. Retrieved May 8, 2015 (http://eml.berkeley.edu/~saez/course/christiansen-tuomalaITAX08capitalincomeshifting.pdf).

89. Diamond, Peter, and Emmanuel Saez. 2011. "The Case for a Progressive Tax: From Basic Research to Policy Recommendations." *Journal of Economic Perspectives* 25(4): 165-90. Retrieved April 1, 2015 (http://economics.mit.edu/files/6820).

90. Full Employment and Balanced Growth Act of 1978. Public Law 95-523. 92 Stat. 1887.

The Federal Reserve's statutory objectives for monetary policy, as listed in the Federal Reserve Act of 1913, are maximum employment, stable prices, and moderate long-term interest rates, but the statute is commonly referred to as the "dual mandate."

91. Federal Reserve Bank of St. Louis. FRED Economic Data. "Interest rates, Discount Rate for United States." Retrieved May 5, 2015 (http://research.stlouisfed.org/fred2/series/INTDSRUSM193N).

92. Orszag, Peter. 2001. "How the Bush Tax Cut Compares in Size to the Reagan Tax Cuts." Center on Budget and Policy Priorities. Retrieved May 8, 2015 (http://www.cbpp.org/archives/2-6-01tax2.htm).

93. Bernanke, Ben S. and Frederic S. Mishkin. 1997. "Inflation Targeting: A New Framework for Monetary Policy?" *American Economic Association* 11(2):97-116. Retrieved April 10, 2015 (http://web.uconn.edu/ahking/BernankeMishkin97.pdf). Batini, Nicoletta, Kenneth Kuttner, and Douglas Laxton. 2005. "Does Inflation Targeting Work in Emerging Markets?" International Monetary Fund. Retrieved May 5, 2015 (http://www.imf.org/external/pubs/ft/weo/2005/02/pdf/chapter4.pdf).

94. Bernanke, Ben S. 2003. "A Perspective on Inflation Targeting." Public Address at the Annual Washington Policy Conference of the National Association of Business Economists, Washington, DC. Retrieved May 1, 2015 (http://www.federalreserve.gov/BoardDocs/speeches/2003/20030325/default.htm).

"The Federal Reserve, though rejecting the inflation-targeting label, has greatly increased its credibility for maintaining low and stable inflation, has become more proactive in heading off inflationary pressures, and has worked hard to improve the transparency of its policymaking process—all hallmarks of the inflation-targeting approach."

95. Friedman, Milton. 1976. "Inflation and Unemployment." Nobel Memorial Lecture, The University of Chicago. Retrieved May 8, 2015 (http://socjologia.amu.edu.pl/isoc/userfiles/40/friedman-lecture.pdf). Ball, Laurence and N. Gregory Mankiw. 2002. "The NAIRU in Theory and Practice." *Journal of Economic Perspectives* 16(4):115-136. Retrieved May 8, 2015 (http://www.scholar.harvard.edu/files/mankiw/files/jep.ballmankiw.pdf).

96. Storm, Servass and C. W. M. Naastepad. 2013. "How Milton Friedman's NAIRU Has Increased Inequality, Damaging Innovation and Growth." Institute for New Economic Thinking. Retrieved May 1, 2015 (http://ineteconomics.org/blog/institute/how-milton-friedman-s-nairu-has-increased-inequality-damaging-innovation-and-growth). Krueger,

Alan B., Judd Cramer, and David Cho. 2014. "Are the Long-Term Unemployed on the Margins of the Labor Market?" Brookings Papers on Economic Activity. The Brookings Institute. Retrieved May 1, 2015 (http://www.brookings.edu/~/media/Projects/BPEA/Spring%20 2014/2014a_Krueger.pdf).

97. Fisher, Irving. 1933. *The Debt-Deflation Theory of Great Depressions.* Federal Reserve Bank of St. Louis. Retrieved April 1, 2015 (https:// fraser.stlouisfed.org/docs/meltzer/fisdeb33.pdf).

98. Baker, Dean and Jared Bernstein. 2013. "Getting Back to Full Employment: A Better Bargain for Working People." Washington, DC: Center for Economic and Policy Research. Retrieved May 4, 2015 (http://www. cepr.net/documents/Getting-Back-to-Full-Employment_20131118. pdf).

99. *Ibid.*

100. Carpenter, Seth B. and William M. Rodgers III. 2004. "The Disparate Labor Market Impacts of Monetary Policy." *Journal of Policy Analysis and Management* 23(4):813-830.

101. Furman, Jason and Joseph E. Stiglitz. 1998. "Economic Consequences of Income Inequality." Presented at the Income Inequality Issues and Policy Options Symposium, August 27-29, Jackson Hole, WY. Retrieved May 4, 2015 (http://www.kc.frb.org/publicat/ sympos/1998/S98stiglitz.pdf).

102. Blinder, Alan. 2014. "Petrified Paychecks." *Washington Monthly.* Retrieved March 30, 2015 (http://www.washingtonmonthly.com/ magazine/novemberdecember_2014/features/petrified_paychecks 052713.php?page=all).

103. Oreopoulous, Philip, Till von Wachter and Andrew Heisz. 2006. "The Short- and Long-Term Career Effects of Graduating in a Recession: Hysteresis and Heterogeneity in the Market for College Graduates." National Bureau of Economic Research Working Paper No. 12159. Retrieved May 4, 2015 (http://www.nber.org/papers/w12159).

104. Federal Reserve Bank of St. Louis. 2015. "Employment Level— Part-Time for Economic Reasons, All Industries." FRED Economic Database. Retrieved May 8, 2015 (http://research.stlouisfed.org/ fred2/series/LNS12032194).

105. Markham, Jerry W. 2002. *A Financial History of the United States: From Christopher Columbus to the Robber Barons (1492-1900)*. Armonk, NY: M.E. Sharpe.

106. Kirsch, Richard. 2015. "The Future of Work in America: Policies to Empower American Workers and Secure Prosperity for All." The Roosevelt Institute. Retrieved May 4, 2015 (http://rooseveltinstitute. org/policy-and-ideas/big-ideas/report-future-work-america-policies-empower-american-workers-and-secure-p).

107. Greenhouse, Steven. 2013. "VW and Its Workers Explore a Union at a Tennessee Plant." *The New York Times*. Retrieved May 1, 2015. (http://www.nytimes.com/2013/09/07/business/vw-and-auto-workers-explore-union-at-tennessee-plant.html?_r=0).

108. Bureau of Labor Statistics. 2015. *Union Members—2014. Union Membership Annual News Release*. Retrieved May 4, 2015 (http:// www.bls.gov/news.release/union2.htm).

109. The State of Working America. 2012. "Cumulative change in total economy productivity and real hourly compensation of production/ nonsupervisory workers, 1948-2013." Economic Policy Institute. Retrieved May 5, 2015 (http://www.stateofworkingamerica.org/ chart/swa-wages-figure-4u-change-total-economy/).

Authors' analysis: Data are for production and non-supervisory workers, accounting for roughly 80 percent of all employees in the U.S.

110. Godard, John. 2003. "Do Labor Laws Matter? The Density Decline and Convergence Thesis Revisited." *Industrial Relations*, 42:458-492. Retrieved May 4, 2015 (http://papers.ssrn.com/sol3/papers. cfm?abstract_id=416152). Labour Program, Government of Canada. 2014. "Union Coverage in Canada, 2013." Retrieved May 4, 2015 (http://www.labour.gc.ca/eng/resources/info/publications/union_ coverage/union_coverage.shtml).

111. OECD. 2014. "Economic Policy Reforms 2014: Going for Growth Interim Report." Organisation for Economic Co-operation and Development. Retrieved May 4, 2015. (http://www.keepeek.com/ Digital-Asset-Management/oecd/economics/economic-policy-reforms-2014_growth-2014-en#page1).

112. *Op. cit. Kirsch, Richard.*

113. Hacker, Jacob S. and Paul Pierson. 2011. *Winner-Take-All Politics.* New York, NY: Simon & Schuster. Retrieved April 3, 2015 (http:// polisci2.ucsd.edu/ps126aa/documents/HackerPierson2010.pdf).

114. Bernhardt, Annette, Ruth Milkman, Nik Theodore, Douglas Heckathorn, Mirabai Auer, James DeFilippis, Ana Luz Gonzalez, Victor Narro, Jason Perelshteyn, Diana Polson, and Michael Spiller. 2009. "Broken Laws, Unprotected Workers: Violations of Employment and Labor Laws in America's Cities." New York, NY: National Employment Law Project. Retrieved May 5, 2015 (http://nelp.org/content/ uploads/2015/03/BrokenLawsReport2009.pdf).

115. Barenberg, Mark. 2015. "Widening the Scope of Worker Organizing: Legal Reforms to Facilitate Multi-Employer Organizing, Bargaining, and Striking." New York, NY: Roosevelt Institute, forthcoming.

116. *Harris et al. v. Quinn, Governor of Illinois, et al.* No. 11-681.

117. Card, David, Thomas Lemieux, and W. Craig Riddell. 2003. "Unions and the Wage Inequality: A Comparative Study of the U.S., the U.K., and Canada." The National Bureau of Economic Research Working Paper No. 9473. Retrieved May 8, 2015 (http://www.nber. org/papers/w9473).

118. Western, Bruce and Jake Rosenfeld. 2011. "Unions, Norms, and the Rise in U.S. Wage Inequality." *American Sociological Review*, 76(4):513-537.

119. Gittleman, Maury and Brooks Pierce. 2007. "New Estimates of Union Wage Effects in the US." *Economics Letters* 95(2):198-202. Retrieved May 5, 2015 (http://econpapers.repec.org/article/eeeecolet/ v_3a95_3ay_3a2007_3ai_3a2_3ap_3a198-202.htm).Buchmueller, Thomas C, John DiNardo and Robert G. Valletta. 2002. "Union Effects on Health Insurance Provision and Coverage in the United States." *Industrial and Labor Relations Review* 55(4):610-627. Retrieved May 5, 2015 (http://www-personal.umich.edu/~jdinardo/Pubs/bdv2002.pdf).

120. Schmitt, John, Margy Waller, Shawn Fremstad and Ben Zipperer. 2007. "Unions and Upward Mobility for Low-Wage Workers." Washington, DC: Center for Economic and Policy Research. Retrieved

May 8, 2015 (http://www.cepr.net/documents/publications/unions-low-wage-2007-08.pdf).

121. The State of Working America. 2012. "Share of workers with paid leave, by wage group, 2011." Economic Policy Institute. Retrieved May 5, 2015 (http://www.stateofworkingamerica.org/chart/swa-wages-table-4-12-share-workers-paid/). Bureau of Labor Statistics. 2010. "Table 32. Defined Benefit Plans: Summer of Plan Provisions, Private Industry Workers, National Compensation Survey, 2010." Washington, DC: U.S. Department of Labor. Retrieved May 5, 2015 (http://www.bls.gov/ncs/ebs/detailedprovisions/2010/ownership/private/table32a.pdf).

122. OECD. 2014. "Coverage for Health Care." *Society at a Glance 2014: OECD Social Indicators*, pp. 130-131. Retrieved May 5, 2015 (http://www.oecd-ilibrary.org/docserver/download/8113171ec026.pdf?expires=1430514022&id=id&accname=guest&checksum=AD91A71BD436CABD82EC75D6F53EB84A).

123. Duke, Brendan V. 2014. "America's Incredible Shrinking Overtime Rights Need an Update." Washington, DC: Center for American Progress. Retrieved May 5, 2015 (https://cdn.americanprogress.org/wp-content/uploads/2014/06/OvertimeRights-REVISEDFINAL2.pdf).

124. Cooper, David. 2015. "Given the Economy's Growth, the Federal Minimum Wage Could Be Significantly Higher." Washington, DC: Economic Policy Institute. Retrieved May 9, 2015 (http://www.epi.org/publication/given-the-economys-growth-the-federal-minimum-wage-could-be-significantly-higher/).

125. Cooper, David, Lawrence Mishel, and John Schmitt. 2015. "We Can Afford a $12.00 Federal Minimum Wage in 2020." Economic Policy Institute Briefing Paper #398. Retrieved May 9, 2015 (http://www.epi.org/publication/we-can-afford-a-12-00-federal-minimum-wage-in-2020/).

126. Weil, David. 2014. *The Fissured Workplace*. Cambridge, MA: Harvard University Press.

127. *Op. cit. Bernhardt, Annette, et al.*

128. Meixell, Brady and Ross Eisenbrey. 2014. "An Epidemic of Wage

Theft is Costing Workers Hundreds of Millions of Dollars a Year." Washington, DC: Economic Policy Institute. Retrieved May 9, 2015 (http://www.epi.org/publication/epidemic-wage-theft-costing-workers-hundreds/).

129. Passel, Jeffrey S. and D'Vera Cohn. 2015. "Share of Unauthorized Immigrant Workers in Production, Construction Jobs Falls Since 2007." Washington, DC: Pew Research Center. Retrieved May 9, 2015 (http://www.pewhispanic.org/2015/03/26/share-of-unauthorized-immigrant-workers-in-production-construction-jobs-falls-since-2007/). Pastor, Manuel, Justin Scoggins, Vanessa Carter, and Jared Sanchez. 2014. "Citizenship Matters: How Children of Immigrants Will Sway the Future of Politics." Washington, DC: Center for American Progress. Retrieved May 8, 2015 (https://cdn.americanprogress.org/wp-content/uploads/2014/07/CitizenshipMatters-report.pdf).

130. United States Census Bureau. N.d. *Historical Poverty Tables—People* Table 2. U.S. Department of Commerce. Retrieved May 9, 2015 (http://www.census.gov/hhes/www/poverty/data/historical/people.html).

131. DiNardo, John, Nicole M. Fortin, and Thomas Lemieux. 1996. "Labor Market Institutions and the Distribution of Wages, 1973-1992: A Semiparametric Approach." *Econometrica* 64(5):1001-1044. Manning, Alan (2003). *Monopsony in Motion: Imperfect Competition in Labor Markets*. Princeton, NJ: Princeton University Press.

132. Dube, Arindrajit. 2013. "Minimum Wages and the Distribution of Family Incomes." Working Paper. Retrieved May 9, 2015 (https://dl.dropboxusercontent.com/u/15038936/Dube_MinimumWages FamilyIncomes.pdf).

133. Autor, David, Alan Manning and Christopher L. Smith. 2015. "The Contribution of the Minimum Wage to U.S. Wage Inequality Over Three Decades: A Reassessment." National Bureau of Economic Research Working Paper No. 16533. Retrieved May 9, 2015 (http://www.nber.org/papers/w16533). Dutta-Gupta, Indivar. 2014. "Improving Wages, Improving Lives: Why Raising the Minimum Wage Is a Civil and Human Rights Issue." Washington, DC: Center on Poverty and Inequality, Georgetown Law School. Retrieved May

9, 2015 (http://civilrightsdocs.info/pdf/reports/Minimum-Wage-Report-FOR-WEB.pdf). *Op. cit. Autor, David, Alan Manning, and Christopher L. Smith.*

134. Jacobs, Ken, Ian Perry and Jenifer MacGillvary. 2015. "The High Public Cost of Low Wages." UC Berkeley Labor Center. Retrieved May 5, 2015 (http://laborcenter.berkeley.edu/the-high-public-cost-of-low-wages/).

135. Allegretto, Sylvia, Marc Doussard, Dave Graham-Squire, Ken Jacobs, Dan Thompson, and Jeremy Thompson. 2013. "Fast Food, Poverty Wages: The Public Cost of Low-Wage Jobs in the Fast-Food Industry." University of California, Berkeley, Center for Labor Research and Education and the University of Illinois at Urbana-Champaign Department of Urban & Regional Planning. Retrieved May 5, 2015 (laborcenter.berkeley.edu/pdf/2013/fast_food_poverty_wages.pdf).

136. Henly, Julia R. and Susan J. Lambert. 2014. "Unpredictable Work Timing in Retail Jobs: Implications for Employee Work-Life Conflict." *Industrial & Labor Relations Review* 67(3):986-1016. Retrieved May 5, 2015 (http://ssascholars.uchicago.edu/work-scheduling-study/files/industrial__labor_relations_review-2014-henly-986-1016.pdf). Woolf, Steven H. and Paula Braveman. 2011. "Where Health Disparities Begin: The Role of Social and Economic Determinants—And Why Current Policies May Make Matters Worse." *Health Affairs* 30(10):1852-1859. Retrieved May 5, 2015 (http://content.healthaffairs.org/content/30/10/1852.short).

137. Kalleberg, Arne L., Barbara Reskin, and Ken Hudson. 2000. "Bad Jobs in America: Standard and Nonstandard Employment Relations and Job Quality in the United States." *American Sociological Review* 65(2):256-278. Retrieved May 9, 2015 (http://www.uark.edu/ua/yangw/CaliforniaLaborData/Research/kalleberg2000.pdf).

138. Lynch, Robert and Patrick Oakford. 2013. "The Economic Effects of Granting Legal Status and Citizenship to Undocumented Immigrants." Washington, DC: Center for American Progress. Retrieved May 5, 2015 (https://cdn.americanprogress.org/wp-content/uploads/2013/03/EconomicEffectsCitizenship-1.pdf).

139. Taylor, Paul and D'Vera Cohn. 2012. "A Milestone En Route to a Major Minority Nation." Washington, DC: Pew Research Center. Retrieved May 9, 2015 (http://www.pewsocialtrends.org/2012/11/07/a-milestone-en-route-to-a-majority-minority-nation/).

140. Katznelson, Ira. 2006. *When Affirmative Action Was White*. New York: W. W. Norton & Company.

141. Woolner, David. N.d. "African Americans and the New Deal: A Look Back in History." New York, NY: The Roosevelt Institute. Retrieved May 5, 2015 (http://www.rooseveltinstitute.org/new-roosevelt/african-americans-and-new-deal-look-back-history).

142. DeWitt, Larry. 2010. "The Decision to Exclude Agricultural and Domestic Workers from the 1935 Social Security Act." *Social Security Bulletin* 70(4). U.S. Social Security Administration Office of Retirement and Disability Policy. Retrieved May 5, 2015 (http://www.ssa.gov/policy/docs/ssb/v70n4/v70n4p49.html).

143. Logan, John R. 2011. "Separate and Unequal: The Neighborhood Gap for Blacks, Hispanics and Asians in Metropolitan America." US2010 Project. Retrieved May 5, 2015 (http://www.s4.brown.edu/us2010/Data/Report/report0727.pdf).

144. Alexander, Michelle. 2011. "The New Jim Crow." *Ohio State Journal of Criminal Law* 9(1):7-26. Retrieved May 8, 2015 (http://moritzlaw.osu.edu/osjcl/Articles/Volume9_1/Alexander.pdf).

145. U.S. Department of Education Office for Civil Rights. March 2014. *Data Snapshot: School Discipline* (Issue Brief No. 1). Washington, DC: U.S. Department of Education. Retrieved May 5, 2015 (https://www2.ed.gov/about/offices/list/ocr/docs/crdc-discipline-snapshot.pdf).The Sentencing Project. N.d. "Fact Sheet: Trends in U.S. Corrections." Retrieved May 9, 2015 (http://sentencingproject.org/doc/publications/inc_Trends_in_Corrections_Fact_sheet.pdf).

146. Passel, Jeffrey S. and D'Vera Cohn. 2014. "Unauthorized Immigrant Totals Rise in 7 States, Fall in 14: Decline in Those From Mexico Fuels Most State Decreases." Washington, DC: Pew Research Center's Hispanic Trends Project. Retrieved May 5, 2015 (http://www.pewhispanic.org/2014/11/18/unauthorized-immigrant-totals-rise-in-7-states-fall-in-14/). *Op. cit. Pastor, Manuel, Justin Scoggins, Vanessa Carter, and Jared Sanchez.*

147. Passel, Jeffrey S. and D'Vera Cohn. 2011. "Unauthorized Immigrant Population: National and State Trends, 2010." Washington, DC: Pew Research Center. Retrieved May 9, 2015 (http://www.pewhispanic. org/files/reports/133.pdf).

148. *Op. Cit. Lynch, Robert and Patrick Oakford.*

149. Authors' analysis: Bureau of Labor Statistics. 2015. *Labor Force Statistics from the Current Population Survey.* U.S. Department of Labor. Retrieved April 29, 2015 (http://www.bls.gov/webapps/legacy/ cpsatab2.htm).

150. Hellerstein, Judith K. and David Neumark. 2008. "Workplace Segregation in the United States: Race, Ethnicity, and Skill." *The Review of Economics and Statistics* 90(3):459-477. Retrieved May 5, 2015 (http://www.socsci.uci.edu/~dneumark/H&NRESTAT.pdf).

151. Bronfenbrenner, Kate and Dorian T. Warren. 2007. "Race, Gender, and the Rebirth of Trade Unionism." Retrieved May 9, 2015 (http:// digitalcommons.ilr.cornell.edu/cgi/viewcontent.cgi?article=1839&c ontext=articles).

152. Ture, Kwame and Charles V. Hamilton. 1967. *Black Power: The Politics of Liberation in America.* New York: Vintage Books. Pogge, Thomas W. 2008. *World Poverty and Human Rights: Cosmopolitan Responsibilities and Reforms.* Cambridge, MA: Polity.

153. Pager, Devah, Bruce Western and Bart Bonikowski. 2009. "Discrimination in a Low-Wage Labor Market: A Field Experiment." *American Sociological Review* 74(5):777-799.

154. The Annie E. Casey Foundation. 2014. "Kids Count: Data Book State Trends in Child Well-Being." Retrieved May 5, 2015 (http://www. aecf.org/m/resourcedoc/aecf-2014kidscountdatabook-2014.pdf).

155. Data First. "What Is the Poverty Level of Our School(s)?" Center for Public Education. Retrieved May 5, 2015 (http://www.data-first. org/data/what-is-the-poverty-level-of-our-schools/).

156. *Op. cit. United States Census Bureau Historical Poverty Tables—People.* Macartney, Suzanne, Alemayehu Bishaw, and Kayla Fontenothttp. *2013 Poverty Rates for Selected Detailed Race and Hispanic Groups by State and Place: 2007-2011.* American Community Survey Briefs. Washington, DC: United States Department of Commerce. Retrieved May 9, 2015 (http://www.census.gov/prod/2013pubs/acsbr11-17.pdf). CLASP. 2013.

"Child Poverty in the U.S." CLASP, Washington, DC. Retrieved May 9, 2015 (http://www.clasp.org/resources-and-publications/publication-1/9.18.13-CensusPovertyData_FactSheet.pdf).

157. Kochhar, Rakesh and Richard Fry. 2014. "Wealth Inequality Has Widened Along Racial, Ethnic Lines Since End of Great Recession." Washington, DC: Pew Research Center. Retrieved May 5, 2015 (http://www.pewresearch.org/fact-tank/2014/12/12/racial-wealth-gaps-great-recession/).

158. Shapiro, Thomas M. and Melvin L. Oliver. 2006. *Black Wealth/White Wealth* (2nd ed.). New York, NY: Taylor & Francis.

159. *Op. cit. Kochhar, Rakesh and Richard Fry.*

160. Shapiro, Thomas, Tatjana Meschede, and Sam Osoro. 2013. "The Roots of the Widening Racial Wealth Gap: Explaining the Black-White Economic Divide." Waltham, MA: Institute on Assets & Social Policy, Brandeis University. Retrieved May 5, 2015 (http://iasp.brandeis.edu/pdfs/Author/shapiro-thomas-m/racialwealthgapbrief.pdf).

161. *Op. cit. Shapiro, Thomas and Melvin Oliver.*

162. *Op. cit. Kochhar, Rakesh and Richard Fry.*

163. Mauer, Marc and Ryan S. King. 2007. "Uneven Justice: State Rates of Incarceration By Race and Ethnicity." Washington, DC: The Sentencing Project. Retrieved May 5, 2015 (http://www.sentencingproject.org/doc/publications/rd_stateratesofincbyraceandethnicity.pdf).

164. The Pew Charitable Trusts. 2010. "Collateral Costs: Incarceration's Effect on Economic Mobility." Washington, DC: The Pew Charitable Trusts. Retrieved May 4, 2015 (http://www.pewtrusts.org/~/media/legacy/uploadedfiles/pcs_assets/2010/CollateralCosts1pdf.pdf).

165. *Op. cit. Alexander, Michelle.*

166. *Op. cit. DeWitt.*

167. *Op. cit. The Pew Charitable Trusts.*

168. Neal, Derek and Armin Rick. 2013. "The Prison Boom & the Lack of Black Progress after Smith & Welch." Chicago, IL: University of Chicago Becker Friedman Institute. Retrieved May 5, 2015 (https://econresearch.uchicago.edu/sites/econresearch.uchicago.edu/files/Prison%20Boom.pdf).

169. Benner, Chris and Manuel Pastor. 2014. "Brother, Can You Spare

Some Time? Sustaining Prosperity and Social Inclusion in America's Metropolitan Regions." *Urban Studies* September 5, 2014 Edition. Retrieved May 10, 2015 (http://usj.sagepub.com/content/early/2014/09/03/0042098014549127.abstract).

170. Council of Economic Advisors. 2014. *Nine Facts About American Families and Work*. Washington, DC: Executive Office of the President. Retrieved May 10, 2015 (https://www.whitehouse.gov/sites/default/files/docs/nine_facts_about_family_and_work_real_final.pdf).

171. Federal Reserve Bank of St. Louis. 2015. "Civilian Labor Force Participation Rate—Women." FRED Economic Database. Retrieved May 8, 2015 (http://research.stlouisfed.org/fred2/series/LNS11300002). OECD. 2013. "Female Participation Rate in OECD Regions." Organization for Economic Cooperation and Development. Retrieved May 1, 2015 (http://rag.oecd.org/media/rag/stories/data/Gender.pdf)

172. Glynn, Sarah Jane. 2012. "Fact Sheet: Paid Family and Medical Leave: Updated Labor Standards Could Help U.S. Workers Make Ends Meet." Washington, DC: Center for American Progress. Retrieved April 2, 2015 (http://www.americanprogress.org/issues/labor/news/2012/08/16/11980/fact-sheet-paid-family-and-medical-leave).

173. U.S. Department of Labor. 2010. "Women in the Labor Force in 2010." Retrieved May 9, 2015 (http://www.dol.gov/wb/factsheets/Qf-laborforce-10.htm). Washington, DC: National Women's Law Center. 2014. "Underpaid & Overloaded: Women in Low-Wage Jobs." Retrieved May 9, 2015 (http://www.nwlc.org/sites/default/files/pdfs/final_nwlc_lowwagereport2014.pdf).

174. Warren, Dorian T. 2015. "Putting Families First: Good Jobs for All." Center for Community Change. Retrieved, April 30, 2014 (http://www.goodjobsforall.org/wp-content/uploads/2015/05/PFA-GJFA-Launch-Report.pdf). Hegewisch, Ariane and Heidi Hartmann. 2014. "Occupational Segregation and the Gender Wage Gap: A Job Half Done." Washington, DC: Institute for Women's Policy Research. Retrieved May 8, 2014 (http://www.iwpr.org/publications/pubs/occupational-segregation-andthe-gender-wage-gap-a-job-half-done/at_download/file).

175. *Ibid.*

176. National Partnership for Women & Families. 2011. "Everyone Gets Sick. Not Everyone Has Time to Get Better: A Briefing Book on Establishing a Paid Sick Days Standard." Washington DC: National Partnership for Women & Families. Retrieved May 5, 2015 (http://go.nationalpartnership.org/site/DocServer/PSD_Briefing_Book.pdf?docID=9121).

177. Ben-Ishai, Liz. 2015. "The Serious Consequences of Lack of Paid Leave." Washington, DC: CLASP. Retrieved May 5, 2015 (http://www.clasp.org/resources-and-publications/publication-1/2015-02-03-FMLA-Anniversary-Brief.pdf).

178. Oxfam America and Hart Research Associates. 2013. "Hard Work, Hard Lives: Survey Exposes Harsh Realities Faced by Low-Wage Workers in the U.S." Boston, MA: Oxfam America. Retrieved May 5, 2015 (http://www.oxfamamerica.org/static/media/files/low-wage-worker-report-oxfam-america.pdf).

179. Raub, Amy, Tina-Marie Assi, Elise Vaughn Winfrey, Alison Earle, Gonzalo Moreno, Gabriella Kranz, Ilona Vincent, Arijit Nandi and Jody Heymann. 2014. "Labor Policies to Promote Equity: Findings from 197 Countries and Beijing Platform Signatories." Los Angeles, CA: WORLD Policy Analysis Center. Retrieved May 9, 2015 (http://worldpolicyforum.org/sites/default/files/WORLD_Policy_Brief_Labor_Policies_to_Promote_Equity_at_Work_and_at_Home_2015.pdf).

180. Frost, Jennifer J. and Laura Duberstein Lindberg. 2013. "Reasons for Using Contraception: Perspectives of US Women Seeking Care at Specialized Family Planning Clinics." *Contraception* 87(4):465-472. Retrieved May 1, 2015 (http://www.guttmacher.org/pubs/journals/j.contraception.2012.08.012.pdf).

181. National Women's Center. 2015. "Reproductive Health Is Part of the Economic Health of Women and Their Families." Washington, DC: National Women's Center. Retrieved May 5, 2015 (http://www.nwlc.org/sites/default/files/pdfs/reproductive_health_is_part_of_the_economic_health_of_women_2.18v2pdf.pdf).

182. Bailey, Martha J. 2013. "Fifty Years of Family Planning: New Evidence on the Long-Run Effects of Increasing Access to Contraception."

National Bureau for Economic Research Working Paper No. 19493. Retrieved April 13, 2015 (http://www.nber.org/papers/w19493.pdf).

183. Simmons, Adelle, Katherine Warren, and Kellyann McClain. 2015. "The Affordable Care Act: Advancing the Health of Women and Children." Washington, DC: Department of Health and Human Services, Office of the Assistant Secretary for Planning and Evaluation. Retrieved May 9, 2015, (http://aspe.hhs.gov/health/reports/2015/MCH/ib_mch.pdf).

184. National Women's Law Center. 2015. "Closing the Wage Gap is Crucial for Women of Color and Their Families." NWLC Fact Sheet. Retrieved May 9, 2015 (http://www.nwlc.org/resource/closing-wage-gap-crucial-women-color-and-their-families). National Women's Law Center. 2013. "50 Years & Counting: The Unfinished Business of Achieving Fair Pay." Retrieved, May 9, 2015 (http://www.nwlc.org/resource/50-years-counting-unfinished-business-achieving-fair-pay).

185. Hartmann, Heidi, Jeff Hayes, and Jennifer Clark. 2014. "How Equal Pay for Working Women Would Reduce Poverty and Grow the American Economy." Institute for Women's Policy Research Briefing Paper #C411. Retrieved May 5, 2015 (http://www.iwpr.org/publications/pubs/how-equal-pay-for-working-women-would-reduce-poverty-and-grow-the-american-economy).

186. Elborgh-Woytek, Katrin, Monique Newiak, Kalpana Kochhar, Stefania Fabrizio, Kangni Kpodar, Philippe Wingender, Benedict Clements, and Gerd Schwartz. 2013. "Women, Work, and the Economy: Macroeconomic Gains from Gender Equity." IMF Staff Discussion Note, September 2013. Retrieved May 9, 2015.

187. Aguirre, DeAnne, Leila Hoteit, Christine Rupp, and Karim Sabbagh. 2012. "Empowering the Third Billion. Women and the World of Work in 2012." Booz and Company. *Op. cit. Hartmann, Heidi, Jeff Hayes, and Jennifer Clarke.*The White House Council on Women and Girls. 2012. "Keeping America's Women Moving Forward." Washington, DC: Executive Office of the President. Retreieved May 9, 2015 (https://www.whitehouse.gov/sites/default/files/email-files/womens_report_final_for_print.pdf).

第三章　重構規則

1. U.S. Government Accountability Office. 2012. "Research on Savings from Generic Drug Use." GAO-12-371R. Retrieved May 5, 2015 (http://www.gao.gov/products/GAO-12-371R).

2. Human Rights Watch. 2015. "Work Faster or Get Out: Labor Rights Abuses in Cambodia's Garment Industry." Retrieved May 8, 2015 (http://features.hrw.org/features/HRW_2015_reports/Cambodia_Garment_Workers/index.html). Platzer, Michaela D. 2014. *U.S. Textile Manufacturing and the Trans-Pacific Partnership Negotiations.* Congressional Research Service, Report No. R42772. Retrieved May 8, 2015 (https://www.fas.org/sgp/crs/row/R42772.pdf).

3. Goldman, Dana P. and Elizabeth A. McGlynn. 2005. "U.S. Health Care: Facts About Cost, Access, and Quality." Santa Monica, CA: RAND Corporation. Retrieved May 8, 2015 (https://www.rand.org/content/dam/rand/pubs/corporate_pubs/2005/RAND_CP484.1.pdf).

4. Congressional Budget Office. 2007. *Prescription Drug Pricing in the Private Sector.* CBO Paper Pub. No. 2703. Washington, DC: The Congress of the United States. Retrieved May 8, 2015 (https://www.dol.gov/ebsa/pdf/CBO010711.pdf).

5. Oliver, Thomas R., Philip R. Lee and Helene L. Lipton. 2004. "A Political History of Medicare and Prescription Drug Coverage. *The Milbank Quarterly* 82(2):283-354. Retrieved May 8, 2015 (http://www.ncbi.nlm.nih.gov/pmc/articles/PMC2690175/).

6. Himmelstein, David U., Deborah Thorne, Elizabeth Warren, and Steffie Woolhandler. 2009. "Medical Bankruptcy in the United States, 2007: Results of a National Study." *The American Journal of Medicine* 20(10):1-6. Retrieved May 8, 2015 (http://www.pnhp.org/new_bankruptcy_study/Bankruptcy-2009.pdf).

7. Financial Stability Board. 2014. "Global Shadow Banking Monitoring Report 2014." Basel, CH: Financial Stability Board. Retrieved May 5, 2015 (http://www.financialstabilityboard.org/wp-content/uploads/r_141030.pdf?page_moved=1).

8. Systemic Risk Council. 2014. "Statement by Sheila Bair on SEC's Money Fund Rules." Statement to the SEC meeting on July 23, 2014. Retrieved May 5, 2015 (http://www.systemicriskcouncil.

org/2014/07/statement-by-sheila-bair-on-secs-money-fund-rules/).

9. Americans for Financial Reform. 2014. "RE: Docket No. R-1476; RIN 7100-AE08; Extensions of Credit by Federal Reserve Banks." Letter to the Board of Governors of the Federal Reserve System. Retrieved May 5, 2015 (http://ourfinancialsecurity.org/blogs/wp-content/ourfinancial security.org/uploads/2014/03/AFR-Comment-On-Federal-Reserve-Emergency-Lending-Proposal.pdf).

10. Barth, Mark H. and Marco Blanco. 2003. "US Regulatory and Tax Considerations for Offshore Funds." *The Capital Guide to Hedge Funds* 118-160. Retrieved May 8, 2015 (http://www.curtis.com/siteFiles/Publications/D2CA07A14CA94DFC1DAAD5293970E197.pdf).

11. Greenwood, Robin and David Scharfstein. 2013. "The Growth of Finance." *Journal of Economic Perspectives* 27(2):3-28. Retrieved May 8, 2015 (http://www.people.hbs.edu/dscharfstein/growth_of_modern_finance.pdf).

12. Bowden, Andrew J. 2014. "Spreading Sunshine in Private Equity." Speech to the Private Equity International Private Fund Compliance Forum, May 6, 2014, New York, NY. Retrieved May 5, 2015 (http://www.sec.gov/News/Speech/Detail/Speech/1370541735361).

13. Garrett, Brandon L. 2014. *Too Big to Jail.* Cambridge, MA: Belknap Press. Rakoff, Jed S. 2014. "The Financial Crisis: Why Have No High Level Executives Been Prosecuted?" *The New York Review of Books*. Retrieved May 9, 2015 (http://www.nybooks.com/articles/archives/2014/jan/09/financial-crisis-why-no-executive-prosecutions/).

14. United States Government Accountability Office. 2011. "401(K) Plans: Improved Regulation Could Better Protect Participants from Conflicts of Interest." Washington, DC: United States Government Accountability Office. Retrieved May 5, 2015 (http://www.gao.gov/assets/320/315363.pdf).

15. There's evidence that CEOs use buybacks when they'd otherwise miss earnings per share targets, an unproductive economic activity that directly benefits the CEO and should not be encouraged. The SEC should reexamine its rule providing "safe harbor" for buyback against charges of stock-price manipulation. Almeida, Heitor, Vyacheslav Fos, and Mathias Kronlund. 2013. "The Real Effects of Share Repurchases." Retrieved May 9, 2015 (https://www.business.

illinois.edu/halmeida/repo.pdf).

16. Stiglitz, Joseph E. 1989. "Using Tax Policy to Curb Speculative Short-Term Trading." *Journal of Financial Services Research* 3(2/3):101-115. Retrieved May 5, 2015 (http://academiccommons.columbia.edu/item/ac:159631).

17. Stout, Lynn A. 1995. "Are Stock Markets Costly Casinos? Disagreement, Market Failure, and Securities Regulation." *Cornell Law Faculty Publications* Paper 751. Retrieved, April 4, 2015, (http://scholarship.law.cornell.edu/cgi/viewcontent.cgi?article=2319&context=facpub).

18. Matheson, Thornton. 2011. "Taxing Financial Transactions: Issues and Evidence." International Monetary Fund Working Paper No. 11/54. Washington: International Monetary Fund. Retrieved May 5, 2015 (https://www.imf.org/external/pubs/cat/longres.aspx?sk=24702.0).

19. Persaud, Avinash. 2012. "The Economic Consequences of the EU Proposal for a Financial Transaction Tax." *Intelligence Capital*. Retrieved May 8, 2015 (http://www.stampoutpoverty.org/wp-content/uploads/2012/10/The-Economic-Consequences-of-the-EU-Proposal-for-a-Financial-Transaction-Tax-3.pdf).

20. Bolton, Patrick and Frédéric Samama. 2012. "L-Shares: Rewarding Long-Term Investors." ECGI—Finance Working Paper No. 342/2013. Retrieved May 8, 2015 (http://papers.ssrn.com/sol3/papers.cfm?abstract_id=2188661).

21. Organisation for Economic Co-Operation and Development. 2008. "Growing Unequal?: Income Distribution and Poverty in OECD Countries." Retrieved May 8, 2015 (http://www.oecd.org/unitedstates/41528678.pdf).

22. Piketty, Thomas, Emmanuel Saez, Stefanie Stantcheva. 2011. "Optimal Taxation of Top Labor Incomes: A Tale of Three Elasticities." NBER Working Paper No. 17616. Cambridge, MA: National Bureau of Economic Research. Retrieved May 5, 2015 (http://www.nber.org/papers/w17616.pdf).

23. Stiglitz, Joseph E. 2014. "Reforming Taxation to Promote Growth and Equity." New York, NY: Roosevelt Institute. Retrieved May 8, 2015 (http://www.rooseveltinstitute.org/reforming-taxation-promote-growth-and-equity).

24. This analysis is based on the authors' calculation of projected universal pre-K costs and 2012 public postsecondary spending and tuition data from: Ginder, Scott A. and Janice E. Kelly-Reid. 2013. "Enrollment in Postsecondary Institutions, Fall 2012; Financial Statistics, Fiscal Year 2012; Graduation Rates, Selected Cohorts, 2004-09; and Employees in Postsecondary Institutions, Fall 2012." Institute of Education Sciences National Center for Education Statistics. Retrieved, April 15, 2015 (http://nces.ed.gov/pubs2013/2013183. pdf). Holt, Alex. 2008. "Doing the Math: The Cost of Publicly Funded 'Universal' Pre-K." New America Foundation. Retrieved May 5, 2015 (http://earlyed.newamerica.net/blogposts/2013/doing_ the_math_the_cost_of_publicly_funded_universal_pre_k-80821).

25. Internal Revenue Service. 2010. *Individual Income Tax Rates and Shares, 2010.* IRS Statistics of Income Bulletin. Washington, DC: Internal Revenue Service. Monaghan, Angela. 2014. "US Wealth inequality—top 0.1% worth as much as the bottom 90%." New York, NY: *The Guardian.* Retrieved May 5, 2015 (http://www.theguardian. com/business/2014/nov/13/us-wealth-inequality-top-01-worth-as-much-as-the-bottom-90).

26. Marr, Chuck and Chye-Ching Huang. 2015. "President's Capital Gains Tax Proposals Would Make Tax Code More Efficient and Fair." Washington, DC: Center on Budget and Policy Priorities. Retrieved May 9, 2015 (http://www.cbpp.org/cms/index.cfm?fa=view&id=5260).

27. Congressional Budget Office. 2013. "The Distribution of Major Tax Expenditures in the Individual Income Tax System." Washington, DC: Congress of the United States, Congressional Budget Office. Retrieved May 4, 2015 (https://www.cbo.gov/sites/default/ files/43768_DistributionTaxExpenditures.pdf). Congressional Budget Office. 2011. "Trends in the Distribution of Household Income Between 1979 and 2007." A CBO Study, Publication No. 4043. Retrieved May 5, 2015 (http://www.cbo.gov/sites/default/files/10-25-HouseholdIncome_0.pdf).

28. Stiglitz, Joseph E. 2014. "Reforming Taxation to Promote Growth and Equity." New York, NY: Roosevelt Institute. Retrieved May 8, 2015 (http://www.rooseveltinstitute.org/reforming-taxation-promote-growth-and-equity).

29. George, Henry. 1935. *Progress and Poverty*. New York: Robert Schalkenbach Foundation. Retrieved May 8, 2015 (https://mises. org/sites/default/files/Progress%20and%20Poverty_3.pdf).

30. FRED Economic Data. 2015. "Civilian Labor Force Participation Rate." St. Louis, MO: Federal Reserve Bank of St. Louis. Retrieved May 8, 2015 (http://research.stlouisfed.org/fred2/series/CIVPART).

31. Carpenter, Seth B. and William M. Rodgers III. 2004. "The Disparate Labor Market Impacts of Monetary Policy." *Journal of Policy Analysis and Management* 23(4):813-830.

32. Ball, Laurence. 2014. "The Case for a Long-Run Inflation Target of Four Percent." IMF Working Paper 14/92. Washington, DC: International Monetary Fund. Retrieved May 5, 2015 (https://www.imf. org/external/pubs/ft/wp/2014/wp1492.pdf).

33. Yellen, Janet L. 2013. "A Painfully Slow Recovery for America's Workers: Causes, Implications, and the Federal Reserve's Response." Public Address. Retrieved, May 1, 2015 (http://www.federalreserve. gov/newsevents/speech/yellen20130211a.htm).

34. Schwab, Klaus and Xavier Sala-i-Martin. 2014. "The Global Competitiveness Report 2014–2015: Full Data Edition." New York, NY: World Economic Forum USA. Retrieved May 5, 2015 (http://www3.weforum. org/docs/WEF_GlobalCompetitivenessReport_2014-15.pdf).

35. National Economic Council and the President's Council of Economic Advisors. 2014. "An Economic Analysis of Transportation Infrastructure Investment." Washington, DC: The White House. Retrieved May 5, 2015 (https://www.whitehouse.gov/sites/default/ files/docs/economic_analysis_of_transportation_investments.pdf).

36. Silvers, Damon. Forthcoming infrastructure report. New York: Roosevelt Institute.

37. American Society of Civil Engineers. 2013. "Transit: 2013 Report Card for America's Infrastructure." Retrieved May 8, 2015 (http:// www.infrastructurereportcard.org/a/#p/transit/overview).

38. Federal Highway Administration. 2014. *2013 Status of the Nation's Highways, Bridges, and Transit: Conditions & Performance*. U.S. Department of Transportation, Federal Highway Administration. Retrieved May 9, 2015 (http://www.fhwa.dot.gov/policy/2013cpr/ lb_es.htm).

39. Kirsch, Richard. 2015. "The Future of Work in America: Policies to Empower American Workers and Secure Prosperity for All." The Roosevelt Institute. Retrieved May 4, 2015 (http://rooseveltinstitute. org/policy-and-ideas/big-ideas/report-future-work-america-policies-empower-american-workers-and-secure-p).

40. Hartman, Mitchell. 2014. "Labor Wins Two Rulings, Walmart Vows to Fight Back." *Marketplace*. Retrieved May 9, 2015 (http://www. marketplace.org/topics/wealth-poverty/labor-wins-two-rulings-walmart-vows-fight-back).

41. Beach, Ben and Kathleen Mulligan-Hansel. 2015. "Public Goods Strategy Policy Brief." Forthcoming paper for Roosevelt Institute Future of Work Initiative. Johnson, Olatunde. 2015. "Promoting Racial and Ethnic Inclusion in Employment Through Regulatory Mandates and Incentives." Forthcoming paper for Roosevelt Institute Future of Work Initiative.

42. Bernhardt, Annette, Ruth Milkman, Nik Theodore, Douglas Heckathorn, Mirabai Auer, James DeFilippis, Ana Luz Gonzalez, Victor Narro, Jason Perelshteyn, Diana Polson, and Michael Spiller. 2009. "Broken Laws, Unprotected Workers: Violations of Employment and Labor Laws in America's Cities." National Employment Law Project. Retrieved May 5, 2015 (http://nelp.org/content/uploads/2015/03/BrokenLawsReport2009.pdf).

43. Levin, Myron, Stuart Silverstein, and Lilly Fowler. 2014. "Pay Violations Rampant in Low-Wage Industries Despite Enforcement Efforts." Investigate West, August 27, 2014. Retrieved May 6, 2015 (http://www.invw.org/article/pay-violations-rampant-in-1468).

44. Midland, David and Keith Miller. 2013. "Raising the Minimum Wage Would Boost the Incomes of Millions of Women and Their Families." Washington, DC: Center for American Progress Action Fund. Retrieved May 6, 2015 (https://www.americanprogressaction. org/issues/labor/news/2013/12/09/80484/raising-the-minimum-wage-would-boost-the-incomes-of-millions-of-women-and-their-families/).

45. Shierholz, Heidi. 2014. "It's Time to Update Overtime Pay Rules." Washington, DC: Economic Policy Institute. Retrieved May 8, 2015 (http://www.epi.org/publication/ib381-update-overtime-pay-rules/).

46. *Ibid.*
47. Alexander, Michelle. 2011. "The New Jim Crow." *Ohio State Journal of Criminal Law* 9(1):7-26. Retrieved May 8, 2015 (http://moritzlaw. osu.edu/osjcl/Articles/Volume9_1/Alexander.pdf).
48. Henrichson, Christian and Ruth Delaney. 2012. "The Price of Prisons: What Incarceration Costs Taxpayers." New York, NY: Vera Institute of Justice, Center on Sentencing and Corrections. Retrieved May 9, 2015 (http://www.vera.org/files/price-of-prisons-maine-fact-sheet.pdf). Geller, Amanda, Irwin Garfinkel and Bruce Western. 2006. "The Effects of Incarceration on Employment and Wages: An Analysis of the Fragile Families Survey." Princeton, NJ: Princeton University Center for Research on Child Wellbeing. Retrieved May 9, 2015 (http://www.saferfoundation.org/files/documents/Princeton-Effect%20of%20Incarceration%20on%20Employment%20and%20 Wages.pdf).
49. Schmitt, John and Kris Warner. 2010. "Ex-offenders and the Labor Market." Washington, DC: Center for Economic and Policy Research. Retrieved May 8, 2015 (http://www.cepr.net/documents/ publications/ex-offenders-2010-11.pdf).
50. Saris, Patti B., William B. Carr, Jr., Ketanji B. Jackson, Ricardo H. Hinojosa, Beryl A. Howell, Dabney L. Friedrich, Jonathan J. Wroblewski, and Isaac Fulwood, Jr. 2011. "Statistical Overview of Mandatory Minimum Penalties." Pp. 119-148 in *Report to the Congress: Mandatory Minimum Penalties in the Federal Criminal Justice System.* United States Sentencing Commission. Retrieved May 6, 2015 (http://www.ussc.gov/sites/default/files/pdf/news/congressional-testimony-and-reports/mandatory-minimum-penalties/20111031-rtc-pdf/Chapter_07.pdf).
51. Giovanni, Thomas and Roopal Patel. 2013. "*Gideon* at 50: Three Reforms to Revive the Right to Counsel." New York, NY: The Brennan Center for Justice, NYU School of Law. Retrieved May 5, 2015 (http://www.brennancenter.org/sites/default/files/publications/ Gideon_Report_040913.pdf).
52. Pastor, Manuel, Justin Scoggins, Vanessa Carter, and Jared Sanchez. 2014. "Citizenship Matters: How Children of Immigrants Will

Sway the Future of Politics." Washington, DC: Center for American Progress. Retrieved May 8, 2015 (https://cdn.americanprogress.org/wp-content/uploads/2014/07/CitizenshipMatters-report.pdf).

53. Smith, Rebecca and Eunice Hyunhye Cho. 2013. "Workers' Rights on ICE: How Immigration Reform Can Stop Retaliation and Advance Labor Rights." New York, NY: The National Employment Law Project. Retrieved May 8, 2015 (http://www.nelp.org/content/uploads/2015/03/Workers-Rights-on-ICE-Retaliation-Report.pdf).

54. *Ibid.*

55. National Partnership for Women & Families. 2015. "The Family and Medical Insurance Leave Act (The FAMILY Act)." Washington DC: National Partnership for Women & Families. Retrieved May 5, 2015 (http://www.nationalpartnership.org/research-library/work-family/paid-leave/family-act-fact-sheet.pdf).

56. Ray, Rebecca. 2008. "A Detailed Look at Parental Leave Policies in 21 OECD Countries." Washington, DC: Center for Economic and Policy Research. Retrieved May 5, 2015 (http://www.lisdatacenter.org/wp-content/uploads/parent-leave-details1.pdf).

57. Dagher, R. K., P. M. McGovern, and B. E. Down. 2013. "Maternity Leave Duration and Postpartum Mental and Physical Health: Implications for Leave Policies." *Journal of Health Politics, Policy and Law* 39(2):369-416. *Op. cit.* National Partnership for Women & Families. Hegewisch, Ariane and Yuko Hara. 2013. "Maternity, Paternity, and Adoption Leave in the United States." IWPR Working Paper #A143. Washington, DC: Institute for Women's Policy Research. Retrieved May 5, 2015 (http://www.iwpr.org/publications/pubs/maternity-paternity-and-adoption-leave-in-the-united-states-1).

58. Blau, Francine D. and Lawrence M. Kahn. 2013. "Female Labor Supply: Why Is the US Falling Behind?" Discussion Paper No. 7140. Bonn, DE: Institute for the Study of Labor. Retrieved May 5, 2015 (http://ftp.iza.org/dp7140.pdf). Rossin-Slater, Maya, Christopher J. Ruhm and Jane Waldfogel. 2011. "The Effects of California's Paid Family Leave Program on Mothers' Leave-Taking and Subsequent Labor Market Outcomes." NBER Working Paper No. 11715. Cambridge, MA: National Bureau of Economic Research. Retrieved May 5, 2015 (http://www.nber.org/papers/w17715.pdf).

59. Bassanini, Andrea. 2008. "The Impact of Labour Market Policies on Productivity in OECD Countries." *International Productivity Monitor* 17(2008):3-15. Retrieved May 8, 2015 (http://www.csls.ca/ipm/17/IPM-17-bassanini.pdf).

60. *Op. cit.* The National Partnership for Women & Families.

61. National Women's Law Center. 2015. "Closing the Wage Gap Is Crucial for Women of Color and Their Families." NWLC Fact Sheet. Retrieved May 9, 2015 (http://www.nwlc.org/resource/closing-wage-gap-crucial-women-color-and-their-families). National Women's Law Center. 2013. "50 Years & Counting: The Unfinished Business of Achieving Fair Pay." Retrieved, May 9, 2015 (http://www.nwlc.org/sites/default/files/pdfs/final_nwlc_equal_pay_report.pdf).

62. Frost, Jennifer J., Adam Sonfield, Mia R. Zolna, and Lawrence B. Finer. 2014. "Return on Investment: A Fuller Assessment of the Benefits and Cost Savings of the US Publicly Funded Family Planning Program." *The Milbank Quarterly* 92(4):667-720. Retrieved May 6, 2015 (http://www.guttmacher.org/pubs/journals/MQ-Frost_1468-0009.12080.pdf).

63. Jiang, Yang, Mercedes Ekono, and Curtis Skinner. 2015. "Basic Facts About Low-Income Children: Children Under 18 Years, 2013." New York, NY: National Center for Children in Poverty. Retrieved May 5, 2015 (http://www.nccp.org/publications/pdf/text_1100.pdf).

64. Paulsell, Diane, Sarah Avellar, Emily Sama Martin, and Patricia Del Grosso. 2010. *Home Visiting Evidence of Effectiveness Review: Executive Summary.* Office of Planning, Research and Evaluation, Administration for Children and Families, US Department of Health and human Services. Retrieved May 8, 2015 (http://homvee.acf.hhs.gov/HomVEE_Executive_Summary.pdf).

65. Olds, D. L., C. R. Henderson, Jr., R. Tatelbaum and R. Chamberlin. 1988. "Improving the Life-Course Development of Socially Disadvantaged Mothers: A Randomized Trial of Nurse Home Visitation." *American Journal of Public Health* 78(11):1436-1445. Kitzman H., D. L. Olds, C. R. Henderson, Jr., C. Hanks, R. Cole, R. Tatelbaum, K. M. McConnochie, K. Sidora, D. W. Luckey, D. Shaver, K. Engelhardt, D. James and K. Barnard. 1997. "Effect of Prenatal and Infancy

Home Visitation by Nurses on Pregnancy Outcomes, Childhood Injuries, and Repeated Childbearing: A Randomized Controlled Trial." *Journal of the American Medical Association* 278(8):644-652.

66. Kirkland, Kristen and Susan Mitchell-Herzfeld. 2012. *Evaluating the Effectiveness of Home Visiting Services in Promoting Children's Adjustment to School.* New York State Office of Children and Family Services, Bureau of Evaluation and Research. Retrieved May 8, 2015 (http://www.pewtrusts.org/~/media/legacy/uploadedfiles/pcs_assets/2013/SchoolReadinessexecutivesummarypdf.pdf). Borkowski, John G. and Jaelyn R. Farris. 2013. "An Early, Intensive Parenting Intervention to Prevent Child Neglect: Five Year Mother-Child Outcomes." Retrieved May 8, 2015 (http://www.pewtrusts.org/~/media/legacy/uploadedfiles/pcs_assets/2013/MyBabyandMeexecutivesummarypdf.pdf).Olds, David L., Harriet Kitzman, Carole Hanks, Robert Cole, Elizabeth Anson, Kimberly Sidora-Arcoleo, Dennis W. Luckey, Charles R. Henderson Jr., John Holmberg, Robin A. Tutt, Amanda J. Stevenson, and Jessica Bondy. 2007. "Effects of Nurse Home Visiting on Maternal and Child Functioning: Age-9 Follow-up of a Randomized Trial." *Pediatrics* 120(4) e832-e845. Retrieved May 8, 2015 (http://pediatrics.aappublications.org/content/120/4/e832.abstract?sid=a49d862c-9af24f77-b005-4bececf908c3).

67. Waldfogel, Jane. 2010. "Tackling Child Poverty & Improving Child Well-Being: Lessons From Britain." Washington, DC: First Focus. Retrieved May 5, 2015 (http://fcd-us.org/sites/default/files/First%20Focus%20-%20Tackling%20Child%20Poverty.pdf).

68. Warren, Dorian T. 2015. "Putting Families First: Good Jobs for All." Washington, DC: Center for Community Change. Retrieved May 6, 2015 (http://www.scholarsstrategynetwork.org/sites/default/files/families-first-report.pdf).

69. Federal Reserve Bank of St. Louis. 2014. "Gross Federal Debt as Percent of Gross Domestic Product." FRED Economic Data. Retrieved May 8, 2015 (https://research.stlouisfed.org/fred2/series/GFDGDPA188S).

70. Chopra, Rohit. 2013. *Student Debt Swells, Federal Loans Now Top a Trillion.* Consumer Financial Protection Bureau. Retrieved May 8, 2015 (http://www.consumerfinance.gov/newsroom/student-debt-swells-federal-loans-now-top-a-trillion/).

71. Darolia, Rajeev and Dubravka Ritter. 2015. "Do Student Loan Borrowers Opportunistically Default? Evidence from Bankruptcy Reform." Federal Reserve Bank of Philadelphia Research Department Working Paper No. 15-17. Retrieved May 5, 2015 (https://www.philadelphiafed.org/research-and-data/publications/working-papers/2015/wp15-17.pdf).

72. United States Senate Health, Education, Labor and Pensions Committee. 2012. "For Profit Higher Education: The Failure to Safeguard the Federal Investment and Ensure Student Success." Majority Committee Staff Report and Accompanying Minority Committee Staff Views. Retrieved May 8, 2015 (http://www.help.senate.gov/imo/media/for_profit_report/PartI-PartIII-SelectedAppendixes.pdf).

73. U.S. Department of Education. 2014. *Obama Administration Takes Action to Protect Americans from Predatory, Poor-Performing Career Colleges*. Washington, DC: U.S. Department of Education. Retrieved May 8, 2015 (http://www.ed.gov/news/press-releases/obama-administration-takes-action-protect-americans-predatory-poor-performing-career-colleges).

74. Evans, Melanie. 2014. "Consolidation creating giant hospital systems." Modern Healthcare, June 21, 2014. Retrieved May 5, 2015 (http://www.modernhealthcare.com/article/20140621/MAGAZINE/306219980). Murray, Robert and Suzanne F. Delbanco. 2012. "Provider Market Power in the U.S. Health Care Industry: Assessing its Impact and Looking Ahead." Catalyst for Payment Reform. Retrieved May 8, 2105 (http://www.catalyzepaymentreform.org/images/documents/Market_Power.pdf). American Medical Association. 2008. "Competition in health insurance: A comprehensive study of U.S. Markets: 2008 update." The Division of Economic and Health Policy Research, American Medical Association.

75. Levy, Jenna. 2015. "In U.S., Uninsured Rate Dips to 11.9% in First Quarter." Gallup. Retrieved May 8, 2015 (http://www.gallup.com/poll/182348/uninsured-rate-dips-first-quarter.aspx).

76. Dafny, Leemore, Jonathan Gruber, and Christopher Ody. 2014. "More Insurers Lower Premiums: Evidence from Initial Pricing in Health Insurance Marketplaces." Evanston, IL: Kellogg School of Man-

agement, Northwestern University. Retrieved May 6, 2015 (http://www.kellogg.northwestern.edu/faculty/dafny/personal/Documents/Publications/Dafny%20Gruber%20Ody%209.26.14.pdf).

77. Leyba, Mike, Michael Young, Mike Lapham, and Steve Schnapp. 2015. "State of the Dream 2015: Underbanked and Overcharged." Boston, MA: United for a Fair Economy. Retrieved May 8, 2015 (http://faireconomy.org/sites/default/files/SOTD15.pdf).

78. Freddie Mac. 2015. "Freddie Mac Update." Retrieved May 6, 2015 (http://www.freddiemac.com/investors/pdffiles/investor-presentation.pdf).

79. Hiltonsmith, Robert. 2012. "The Retirement Savings Drain: Hidden & Excessive Costs of 401(k)s." New York, NY: Demos. Retrieved May 8, 2015 (http://www.demos.org/publication/retirement-savings-drain-hidden-excessive-costs-401ks).

80. *Op. cit. Greenwood and Scharfstein.*

81. Drutman, Lee and Ethan Phelps-Goodman. 2011. "The Political One Percent of the One Percent." Washington, DC: The Sunlight Foundation. Retrieved May 5, 2015 (http://sunlightfoundation.com/blog/2011/12/13/the-political-one-percent-of-the-one-percent/). Gilens, Martin. 2014. *Affluence and Influence: Economic Inequality and Political Power in America.* Princeton, NJ: Princeton University Press.

82. McElwee, Sean. 2014. "Why the Voting Gap Matters." New York, NY: Demos. Retrieved May 5, 2015 (http://www.demos.org/sites/default/files/publications/Voters&NonVoters.pdf).

附錄

1. Author's analysis of Bureau of Labor Statistics data, Average Hourly Earnings of Production and Nonsupervisory Employees: Total Private, Consumer Price Index for All Urban Consumers; U.S. Census Bureau Historical Income Data tables F-6. The BLS earnings measure covers roughly 80 percent of U.S. workers and tracks closely to measures of median wages. We note that average compensation has increased faster than wage earnings—this is largely due to ris-

ing costs of employer-provided health insurance. Because this means employers pay more for the same benefits, growth in employee compensation does not indicate an increase in living standards.

2. U.S. Census Bureau. *Historical Poverty Tables: Table 18. Workers as a Proportion of All Poor People: 1978 to 2006.* Retrieved May 9, 2015 (http://www.census.gov/hhes/www/poverty/data/historical/hstpov18.xls).

3. Economic Policy Institute. 2012. "Annual Hours Worked by Married Men and Women Age 25-54 with Children, by Income Group, Selected Years, 1979-2010." *The State of Working America.* Retrieved May 9, 2015 (http://www.stateofworkingamerica.org/chart/swa-income-table-2-17-annual-hours-work-married/).

4. Author's analysis of:Economic Policy Institute. 2014. "Cumulative change in Total Economy Productivity and Real Hourly Compensation of production/nonsupervisory workers, 1948-2013." *State of Working America.* Retrieved May 9, 2015 (http://www.epi.org/chart/swa2014-wages-figure-4u-cumulative-change-in-total-economy-productivity-and-real-hourly-compensation-of-productionnonsupervisory-workers-1948-2013/).

5. Bureau of Labor Statistics. 2015. *News Release: The Employment Situation—April 2015.* Bureau of Labor Statistics, U.S. Department of Labor. Retrieved May 9, 2015 (http://www.bls.gov/news.release/pdf/empsit.pdf).

6. Bureau of Labor Statistics. 2015. *Charting the Labor Market: Data from the current Population Survey (CPS).* Bureau of Labor Statistics, U.S. Department of Labor. Retrieved May 9, 2015 (http://www.bls.gov/web/empsit/cps_charts.pdf).

7. Federal Reserve Bank of St. Louis. 2015. "Employment Level—Part-Time for Economic Reasons, All Industries." FRED Economic Data. Retrieved May 9, 2015 (http://research.stlouisfed.org/fred2/series/LNS12032194).

8. Bivens, Josh and Lawrence Mishel. 2013. "The Pay of Corporate Executives and Financial Professionals as Evidence of Rents in Top 1 Percent of Incomes." *Journal of Economic Perspectives.* Volume 27 (3): pp. 57-78. Retrieved May 9, 2015 (http://pubs.aeaweb.org/doi/pdfplus/10.1257/jep.27.3.57).

9. Giovannoni, Olivier. 2014. "What Do We Know About the Labor

Share and the Profit Share? Part III: Measures and Structural Factors." Levy Economics Institute Working Paper No. 805.

10. Gornick, Janet and Branko Milanovic. 2015. "Income Inequality in the United States in Cross National Perspective: Re-distribution Revisited." Luxembourg Income Study Center Research Brief. May 4, 2015. Retrieved May 9, 2015 (http://www.gc.cuny.edu/CUNY_GC/media/CUNY-Graduate-Center/PDF/Centers/LIS/LIS-Center-Research-Brief-1-2015.pdf?ext=.pdf).

11. *Ibid.*

12. Causa, Oresetta and Asa Johansson. 2010. "Intergenerational Social Mobility in OECD Countries." *OECD Journal: Economic Studies* Volume 2010. Retrieved May 9. 2015 (http://www.oecd.org/eco/growth/49849281.pdf).

13. Economic Policy Institute. 2012. "Share of Families in the Bottom and Top Income Fifths in 1994 Ending Up in Various Income Fifths in 2004." *State of Working America*. Retrieved May 9, 2015 (http://www.stateofworkingamerica.org/chart/swa-mobility-figure-3b-share-families-bottom/). Acs, Gregory and Seth Zimmerman. 2008. "U.S. Intragenerational Economic Mobility from 1984 to 2004: Trends and Implications." Philadelphia, PA: Economic Mobility Project, Pew Charitable Trusts. Retrieved May 9, 2015 (http://www.urban.org/sites/default/files/alfresco/publication-pdfs/1001226-U-S-Intragenerational-Economic-Mobility-From-to--.PDF).

14. Corak, Miles. 2013. "Income Inequality, Equality of Opportunity, and Intergenerational Mobility." *Journal of Economic Perspectives* 27(3):79-102.

15. Hilger, Nathaniel G. 2015. "The Great Escape: Intergenerational Mobility Since 1940." Working Paper. Retrieved May 9, 2015 (https://drive.google.com/file/d/0B8J_qdFYwNJ6ZHY4UTRiZldIVkk/view).

16. Chetty, Raj, Nathaniel Hendren, Patrick Kline and Emmanuel Saez. 2014. "Where Is the Land of Opportunity? The Geography of Intergenerational Mobility in the United States." National Bureau of Economic Research Working Paper No. 19843. Retrieved May 9, 2015 (http://www.nber.org/papers/w19843).

17. *Ibid.*

18. Cingano, Federico. 2014. "Trends in Income Inequality and Its

Impact on Economic Growth." OECD Social, Employment and Migration Working Papers No. 163. Retrieved May 9, 2015 (http://www.oecd.org/els/soc/trends-in-income-inequality-and-its-impact-on-economic-growth-SEM-WP163.pdf).

19. Chen, Alice, Emily Oster and Heidi Williams. 2014. "Why Is Infant Mortality Higher in the US than in Europe?" National Bureau of Economic Research Working Paper No. 20525. Retrieved May 9, 2015 (http://www.nber.org/papers/w20525). McKinsey & Company. 2009. "The Economic Impact of the Achievement Gap in America's Schools." McKinsey & Company, Social Sector Office. Retrieved May 9, 2015 (http://silvergiving.org/system/files/achievement_gap_report.pdf). House, James S. and David R. Williams. 2003. "Chapter Three: Understanding and Reducing Socioeconomic and Racial/Ethnic Disparities in Health." *Health and Social Justice: Politics, Ideology, and Inequity in the Distribution of Disease*, pp. 89-131, edited by Richard Hofrichter. San Francisco: Jossey-Bass. Retrieved May 9, 2015 (http://www.isr.umich.edu/williams/All%20Publications/DRW%20pubs%202003/understanding%20and%20reducing%20SE.pdf).

20. Currie, Janet. 2011. "Inequality at Birth: Some Causes and Consequences." National Bureau of Economic Research Working Paper No. 16798. Retrieved May 9, 2015 (http://www.nber.org/papers/w16798).

21. Heckman, James and Dimitriy Masterov. 2007. "The Productivity Argument for Investing in Young Children." *Review of Agricultural Economics* 29(3):446-93.

22. Burchinal, Robert. 2000. "Relating Quality of Center-Based Child Care to Early Cognitive and Language Development Longitudinally." *Child Development* 71(2):338-57. McCartney, Kathleen, Eric Dearing, Beck A. Taylor and Kristen L. Bub. 2007. "Quality Child Care Supports the Achievement of Low-Income Children: Direct and Indirect Pathways through Caregiving and the Home Environment." *Journal of Applied Developmental Psychology* 28(5-6):411-26.

23. Duncan, Greg J. and Richard J. Murnane, editors. 2011. *Whither Opportunity? Rising Inequality, Schools, and Children's Life Changes.* New York: Russell Sage Foundation.

24. Melchior, Maria, Jean-Francois Chastang, Bruno Falisard, Cédric

Galéra, Richard E. Tremblay, Sylvana M. Coté and Michel Boivin. 2012. "Food Insecurity and Children's Mental Health: A Prospective Birth Cohort Study." *PLOS ONE* 7(12):e52615. Retrieved May 9, 2015 (http://www.ncbi.nlm.nih.gov/pmc/articles/PMC3530436/).

25. Schulman, Karen. 2000. "The High Cost of Child Care Puts Quality Care out of Reach for Many Families." Washington, DC: Children's Defense Fund.

26. Turner, Margery Austin and Karina Fortuny. 2009. "Residential Segregation and Low-Income Working Families." Washington, DC: The Urban Institute. *Low-Income Working Families* Paper 10. Retrieved May 9, 2015 (http://www.urban.org/sites/default/files/alfresco/publication-pdfs/411845-Residential-Segregation-and-Low-Income-Working-Families.PDF).

27. Frank, Robert. 2005. "Positional Externalities Cause Large and Preventable Welfare Losses." *American Economic Review* 95(2):137-41. Retrieved May 9, 2015 (https://www.aeaweb.org/assa/2005/0108_1015_0601.pdf).

28. Diamond, Peter A. 2010. "Unemployment, Vacancies, Wages." Nobel Prize Lecture, December 8, 2010. Retrieved May 9, 2015 (http://www.nobelprize.org/nobel_prizes/economic-sciences/laureates/2010/diamond-lecture.pdf). Atkinson, Anthony B. 2015. Inequality: What Can Be Done? Pp 90-93. Cambridge, MA: Harvard University Press.

29. Acemoglu, Daron and David Autor. 2010. "Skills, Tasks and Technologies: Implications for Employment and Earnings." National Bureau of Economic Research Working Paper 16082. Retrieved May 9, 2015 (http://www.nber.org/papers/w16082). Autor, David H., Lawrence F. Katz and Melissa S. Kearney. 2007. "Trends in U.S. Wage Inequality: Revising the Revisionists." *The Review of Economics and Statistics* 90(2):300-323. Retrieved May 9, 2015 (http://economics.mit.edu/files/580). Autor, David H., Lawrence F. Katz and Alan B. Krueger. 1998. "Computing Inequality: Have Computers Changed the Labor Market?" *The Quarterly Journal of Economics* 113(4):1169-1213. Retrieved May 9, 2015 (http://economics.mit.edu/files/563).

30. Autor, David H., Lawrence F. Katz and Melissa S. Kearney. 2006.

"Measuring and Interpreting Trends in Economic Inequality." *AEA Papers and Proceedings* 96(2):189-194. Retrieved May 9, 2015 (http://economics.mit.edu/files/584). Card, David and John E. DiNardo. 2002. "Skill-Biased Technological Change and Rising Wage Inequality: Some Problems and Puzzles." *Journal of Labor Economics* 20(4):733-783. Retrieved May 9, 2015 (http://eml.berkeley.edu/~card/papers/skill-tech-change.pdf).

31. *Op. cit. Card, David and John E. DiNardo.*

32. *Op. cit. Bivens, Josh and Lawrence Mishel.*

33. Mishel, Lawrence, Josh Bivens, Elise Gould and Heidi Shierholz. 2012. "Appendices." *The State of Working America*, 12th Edition. Retrieved May 9, 2015 (http://stateofworkingamerica.org/files/book/Appendices.pdf).

34. Acemoglu, Daron. 2009. "When Does Labor Scarcity Encourage Innovation?" National Bureau of Economic Research Working Paper No. 14809. Retrieved May 9, 2015 (http://www.nber.org/papers/w14809.pdf).

35. Skott, Peter and Frederick Guy. 2007. "A Model of Power-Biased Technological Change." *Economics Letters* 95(1):124-131. Retrieved May 9, 2015 (http://www.sciencedirect.com/science/article/pii/S0165176506003363).

36. Acemoglu, Daron, David Autor, David Dorn and Gordon H. Hanson. 2014. "Import Competition and the Great U.S. Employment Sag of the 2000s." National Bureau of Economic Research Working Paper No. 20395. Retrieved May 9, 2015 (http://economics.mit.edu/files/9811).

37. Autor, David H., David Dorn and Gordon H. Hanson. 2013. "The China Syndrome: Local Labor Market Effects of Import Competition in the United States." *American Economic Review* 103(6):2121-2168. Retrieved May 9, 2015 (http://economics.mit.edu/files/6613).

38. White, Roger. 2011. "Employment Effects of Increased Import Competition." Retrieved May 9, 2015 (http://citeseerx.ist.psu.edu/viewdoc/download?doi=10.1.1.198.4904&rep=rep1&type=pdf).

39. Stolper, W. F. and Paul A. Samuelson. 1941. "Protection and Real Wages." *Review of Economic Studies* 9(1):58–73. Lippoldt, Douglas,

editor. *Policy Priorities for International Trade and Jobs*. International Collaborative Initiative on Trade and Employment, Organisation for Economic Co-ordination and Development. Retrieved May 9, 2015 (http://www.oecd.org/site/tadicite/50286917.pdf).

40. Feenstra, Robert C. and Gordon H. Hanson. 1996. "Globalization, Outsourcing, and Wage Inequality." *The American Economic Review* 86(2):240-245. Retrieved May 9, 2015 (https://ideas.repec.org/a/aea/aecrev/v86y1996i2p240-45.html). Elsby, Michael W.L., Bard Hobijn, and Aysegul Sahin. 2010. "The Labor Market in the Great Recession." *Brookings Papers on Economic Activity*, Spring 2010. Retrieved May 9, 2015 (http://www.brookings.edu/~/media/Projects/BPEA/Spring%202010/2010a_bpea_elsby.PDF). Blinder, Alan S. 2006. "Offshoring: The Next Industrial Revolution?" *Foreign Affairs*, March/April 2006 Issue. Retrieved May 9, 2015 (https://www.foreignaffairs.com/articles/2006-03-01/offshoring-next-industrial-revolution).

41. Authors' analysis of FRED civilian labor force level data. Federal Reserve Bank of St. Louis. 2015. "Civilian Labor Force Participation Rate." FRED Economic Data. Retrieved May 8, 2015 (http://research.stlouisfed.org/fred2/series/CIVPART).

42. *Op. cit. Stiglitz, Joseph E. "Intellectual Property Rights ..."*